さとりをひらいた犬

ほんとうの自分に出会う物語

刀根健
Tone Takeshi

ほんとうの自分とはなんなのか？
ほんとうの自由とはなんなのか？
それを知りたくはないか？

イラスト　西 淑
装　　丁　長坂勇司 (nagasaka design)

さとりをひらいた犬

目次

第1章　旅立ち――魂の声を聴け

やあ、こんにちは。

僕はジョン、猟犬さ。

僕は、ご主人さまの銃の音が大好きだ。

あの、乾いた音。

空気を切り裂く、鋭い音。

あの音は僕を駆り立てる号砲。僕はあの乾いた音を聞くと、思わず走り出したくなって、いてもたってもいられなくなるんだ。

なぜかって？

そう、そこからが僕の出番だから。

ご主人さまはイノシシや鹿、熊といった大きな獣だけじゃない、足の速い馬や小さなキツネやウサギ、空を舞う鷹だって逃さない。

僕は銃声とともに、手傷を負った獲物に一目散に走っていって、ガブリと噛みついてトドメを刺し、それから大きな声でご主人さまを呼ぶ。

するとご主人さまがやってきて、とっても喜んで僕においしい干し肉やご褒美をたくさんくれるんだ。僕の生きがいはね、ご主人さまの笑顔とご褒美の干し肉。あの笑顔とご褒美さえあれば、僕はどんな強敵にだって立ち向かっていける。

ご主人さまは、僕のことをすごくかわいがってくれる。なぜなら僕は、七匹いる犬たちのリーダーで、一番足が速く、一番賢く、そして何よりも一番勇敢だから。ふふふ。

でも…。

そう、あの日…。

あの日を境に、僕は変わってしまった。

何が、どう変わったかって？

それを、いまから話すよ。

まあ、焦らないで。

あの日…そう、忘れられないあの日…僕はいつもと同じようにご主人さまと一緒に狩りに出かけた。

雲一つない、抜けるような青空がどこまでも広がっている、とっても素晴らしい日だった。

あの日、ご主人さまは森に入る手前の草原で立ち止まり、注意深く森を眺めはじめたんだ。

そして、ふっと目を細め、同時に銃を構えた。

獲物を見つけた?

僕のセンサーが反応した。

よし、僕の出番だ。

僕は、いち早くダッシュの身構えをした。

前足をかがめて力を抜き、ちょっとお尻を上げるんだ。それから後ろ足に力を入れ、後ろ足の爪でしっかりと大地をつかみ込む。この準備がスタートダッシュの差を生むのさ。

ご主人さまの帽子についている大きな鷹の羽根飾りが、ふわりと風に揺れ、銃身が獲物を追って流れるように水平に動いた、そのときだった。

パーン！

僕の大好きな乾いた銃声が響いた。

僕は他の犬たちをあっという間に抜き去り、銃身の指す方向へと飛び出した。

獲物は、草原から森への変わり際へ少し奥に入ったところにいるようだ。僕の直感が、そうささやいている。

足のギアがトップギアに入るころには、他の犬たちはもう僕に追いつけない。

今日も僕がご褒美をいただきだぜ。

僕は優越感を感じながら風のように走る。なんて気持ちがいいんだろう。僕は最高だ。

森の中に少し入ったところで立ち止まり、周囲を窺（うかが）った。

血の匂いだ…。

あたりには血の匂いが立ち込めていた。

これだけの血の匂いがするんだ。かなりの手傷を負ったに違いないぞ。

五感のアンテナを最高レベルに研ぎ澄まし、周囲をゆっくりと見渡した。すると、視野の左端に赤いものがよぎった。素早くそこに注目すると、大きな血痕（けっこん）が目に入ってきた。

即座にそこに走り寄り、クンクンと匂いを嗅ぐと、さらに用心深く周囲を窺った。

手負いの獲物ほど、危険な相手はいない…。

僕は数々の強敵との闘いの経験から、手負いの獲物の恐ろしさを痛いほど知っていた。

僕の眉間にある三日月の傷は、西の森の王と言われた巨大な白馬「白帝」に前足で蹴られたときのもの。半分にちぎれた尻尾は、北の谷の主と言われた屈強なイノシシ「ガルドス」に食いちぎられたものだ。僕はその強敵たちを確実にしとめてきた。自慢じゃないけれど、この近隣では僕の名前はちょっとは知られているんだよ。

注意力を総動員して用心深く周囲を見渡すと、細々とだけれど、点々と続く血痕が目に入ってきた。

この先に獲物がいる…。第六感がささやく。

僕は獲物に襲いかかって最後のトドメを刺すべく、身をかがめ、両足の筋肉を縮め、牙をむき出して臨戦態勢に入った。

血痕は五メートルほど続き、高さが僕の背丈ほどある草むらの中に消えていた。

注意深く草むらに入り、約十歩ほど進んだ。すると、倒れている獣の姿が見えてきた。

イノシシではないな…鹿でもない…。

犬に似ているが、それにしてはちょっと大きいぞ。かなり大きい。

近づいて倒れている獣を見ると、大きな犬のようだった。その犬は全身黒っぽい銀色の毛に覆われ、身体は僕の倍ほどもある巨大な大きさだった。

こんな大きな犬は見たことがない…。

僕は倒れている大きな犬に近づき、立ち止まった。ご主人さまは犬を撃ったのか…？

獲物を見ると、胸から多量の血が流れ出て、地面に大きな血だまりを作っていた。ご主人さまの弾丸はこの大きな犬の胸を貫いたのだ。さすがご主人さま。

大きな犬は口からも血を滴らせ、そのまわりの地面に血だまりを作っていた。もう頭を動かすこともできないようだった。

ヒューヒュー、と苦しそうな息をしながら、うっすらと目を開けた。

深い蒼色をしたその瞳が、静かに僕を見つめたその瞬間…僕の背筋にゾワゾワッと何かが駆け上がった。

「おお、お仲間さんか」

その犬は苦しそうな口元をやや緩めて言った。その声は不思議な温かさに満ちていた。

「……」

僕は、なんて返していいかわからなかった。だってお前は獲物なんだ。僕はお前を殺しに来たんだぞ。

「そういう顔をしなさんな。誰にでも死は訪れるものだ。今日は俺が死ぬ日だったという

ことだ。俺の最期を看取ってくれるのが仲間のお前さんで良かったよ。お前さん、名前はなんと言うんだい？」

「僕は…ジョン」

「そうか、ジョンか、いい名前だな。俺はダルシャ。まあ、もうすぐあっちに行くから、名前はあまり関係ないがね。ふふふ」

そう言って、ダルシャは口元を緩めて笑った。

この犬、死に際に笑ってる？　僕はおずおずと聞いた。

「君はいったい…」

「俺は犬じゃない。狼さ。狼を知ってるか？」

「いいや…」

「そうかい、狼ってのは、君らの兄貴みたいなもんだ」

ダルシャは苦しげではあったけれど、親しげに言った。

「狼…」

狼を見るのは初めてだった。

ダルシャは大きく澄んだ蒼い瞳で僕を見つめ、大きく息を吸うと唐突に聞いた。

「ジョン、お前は…なんだ？」

は？

何、言ってんだ？

「…なんだって？」

僕は聞き返した。

「だから、ジョン、お前はなんだ？」

「ぼ…僕は猟犬だ」

「ほう、猟犬…か」

「そうだ、だからなんだってんだ」

「そうか、お前は猟犬なのか」

「そうだ、だからなんだってんだ」

ダルシャは、ゆったりとほほ笑んで言った。

「ジョン、お前は人間に『飼われている』んだろう」

『飼われている』という言葉が、なぜだか心の奥底にチクッと刺さった。

「そ、そうだ。それがどうした」

なぜだ？

お腹の下のほう、奥のほうが騒がしい。

なぜだ？　なぜ腹の底がざわざわするんだ？

飼われているからって、なんだって言うんだ！

僕は、内心の動揺を隠すように言い返した。

「それがなんだって言うんだ！」

ダルシャは気にせずに言った。

「俺のいのちはもうすぐ終わる。最期にお前さんに会ったのも何かの縁だ。いいことを教えてやろう。でも、これを決めるのはジョン、お前自身だ」

「なんだ」

「俺たちは誰かに『飼われる』ために生まれてきたんじゃない。俺たちの本質は『自由』だ」

なんだって？

飼われるために生まれたんじゃない？

本質は自由？

何言ってんだ？

ダルシャは続けた。

「ジョン、お前さんはご主人さまが撃った獲物のいのちを奪い、くわえて帰るのが仕事だろう?」

「そうだ、それが猟犬ってもんだ。それがどうだって言うんだ」

「それは、ほんとうのお前さんなのかい?」

「何?」

ほんとう?

ほんとうって、何?

でもそのとき、僕はふと、気づいてしまった。いや、ほんとうは気づいていたのかもしれない。ご主人さまの銃の音に無条件にただ単に反応して走り出してしまっている、いつもの自分自身に。そして、なんの疑念も痛痒(つうよう)もなく、無慈悲にいのちを奪ってきた残酷な行為の数々に。

絶望の目をしたウサギ、必死に生きようとしていた牡鹿…そして、死の直前の、あの白帝やガルドスたちの、全てを受け入れたような落ち着いた静かな瞳…。

それは、気づかないように重い蓋をして隠していたものが、予期せぬ衝撃でいきなり開いてしまったような感覚だった。

「いいか、お前さんは人間に仕えるため、飼われるために生まれてきたわけではない。お前さんが生まれた環境が、たまたまそうだっただけのことだ」

「環境？」

「そうだ。そして、残念ながらお前さんはそれ以外の生き方を知らない。まるで知らない、何も知らない。だからお前さんは自分の頭では何も考えられず、ごくごく小さな世界の中で、習慣的・機械的・反応的にただ生存しているだけだ」

「なんだと～！」

僕が、何も知らないだと？

僕が、何も考えられないだと？

僕が、習慣的？　機械的？　反応的？

ただ、生存しているだけ？

何言ってんだ、こいつ！

僕はジョン、白帝やガルドスを討ち取った、あのジョンなんだぞ。

瞬間的にいつもの僕が、心の中で反論を始めた。

「お前さんは、ほんとうの自分を知らない」

ダルシャの蒼い目が僕を貫いた。

ほんとうの、自分？

僕は、心に湧いた疑念を振り払うように言った。

「それがどうしたと言うんだ。何が悪い。お前もご主人さまに撃たれたじゃないか」

「いやいや、そういうことじゃない。まあ落ち着け。じゃあ聞くが、お前さんはトドメを刺した獲物たちに何か恨みでもあったのかい？　その獲物を自分が生きるための糧として狩ったのかい？　その者たちのいのちは、お前さんのいのちになったのかい？」

「いや…そんなことはないけれど…」

「恨みもない動物たちを殺し、人間さまに届け、ご褒美のえさをもらう…お前さんは、たったそれっぽっちの存在なのかい？」

それっぽっち？

たった、それっぽっち…？

それって、たったそれっぽっちのことだったの？

いや、いや、いや、そんなことはない。

僕の仕事が、たったそれっぽっちなんてことは、絶対にない、ありえない。もしもそれがその通りだったら、僕はいったいなんなんだ。いままでの僕はなんだってんだ。だから、それっぽっちなんかじゃない、絶対にそんなことはない。

僕は猟犬、ご主人さまに愛されている、とっても優秀で有名なあの、猟犬ジョンなんだ！

「そ…それが僕の仕事だ！　それが僕だ」

一生懸命に頑張って答えたけれど、でも、なんだか言葉に力が入らなかった。

「もう一度言う。俺たちの本質は『自由』だ。俺たちが生まれたのは、誰かに飼われるためでも、誰かに仕えるためでもない。ましてや、誰かに利用されるためでもない」

「……」

「お前さんは、自分以外の誰かにご褒美をもらって生きているだけの、そんなちっぽけな存在なんかでは断固としてない。俺たちは自分で生き方を選択し、自分の意志で生きる力を持っているんだ」

自分の選択？

自分の意志？

そう言えば、いままで自分で選択したことなんてあっただろうか？

いつも決まったレールの上を進んでいて…。

与えられた役割をこなしているだけで…。

ご主人さまの期待に応えているだけで…。

それが普通だと思っていて…。

そこに〝僕〟はいただろうか？

「思い出すんだ、ジョン。ほんとうの自分を」

僕？

ほんとうの僕？

ほんとうの僕って、なんだ？

ダルシャの深い声が僕に響く。それはまるで、何かを突き動かすドラムのように、低く、強く、ずんずんと胸の奥底に響いてくる。

なんだ、なんだ、この感じは？

「お前さんがいまの生き方で十分に満足なら、それに越したことはない。だが、よく自分に聞いてみるんだ」

「な…何を聞くんだ？」

「いまの自分は〝ほんとうの自分〟なのか？〝私は、ほんとうの私を生きている！〟と言うことができるか？」

ダルシャはそこで一度言葉を区切ると、僕の目をじっと見つめながら、さらに聞いた。

「〝これが私だ。これがほんとうの私なのだ！〟と、いまの自分を、一片の疑いもなく、自分という存在に対して胸を張って言い切れるか？」

「そ…それは…」

それは…言えない、と心のどこかで声がした。その瞬間、涙が出そうになった。なんだ、これは！

「ジョン、〝生存している〟と〝ほんとうに生きている〟とは、存在の形態が違うのだ。いまの君は生存しているだけだ。生きてはいない。それに気づくんだ」

「僕が、生きていない？」

ダルシャはそれに答えずに、話を続けた。

「ほんとうの自分とはなんなのか？　ほんとうの自由とはなんなのか？　それを知りたくはないか？」

ほんとうの、自分…？

ほんとうの、自由…？

ダルシャはそこまで話すとゴフッと咳をした。ダルシャの口から血が溢れてきた。

「大丈夫か…」

思わず声をかけてしまったけれど、それは猟犬が獲物に言うセリフじゃなかった。ダルシャは大きく深い蒼色の目を細めながら言った。

「いいんだ。俺のいのちはもうすぐ終わる。それは気にするな。だが、あまり時間がなさそうだ。その前にお前さんに言っておく。俺は北の大地から来た」

「北の大地…」

「そうだ。ここからはかなり離れたところだ。そこには『ハイランド』と呼ばれている〝俺たちの故郷〟がある。俺みたいな狼族だけじゃない。お前さんみたいに人間に飼われていたやつらも、ほんとうの自分を探しにやってくる。ハイランドは、ほんとうの自分、ほんとうの自由に目覚めた者のみが、たどり着ける場所なのだ。ほうぼうを旅しながら、そういうやつらへの『道案内』をすることが俺が選んだ生き方さ」

「道案内…」

「そう、道案内だ。だからもし、俺の話でお前さんの心の中が少しでもざわついたなら、お前さんに俺の最後の招待状が届いたってことだ」

「最後の…招待状…」

「ジョン、『魂の声』を聴いてみるんだ」

「魂の声…？」

「そして、もし、〝ほんとうの自分〟を探す決心がついたならば、ここから北へ進むとベレン山という山がある。そこに行け」

「ベレン山？　そこには何が？」

「焦るな、物事には順序というものがある。行けばわかる」

そこまで言うと、ダルシャはまたゴフッと咳をし、大きな血の塊を吐き出した。

「ダルシャ…」

胸の奥深くに熱くほとばしる何かが、ごごご〜っとこみ上げてきた。

その熱いものは「行け！　行くんだ、ジョン！　ほんとうの自分を探し出せ！」と駆り立てているようだった。

これが、魂の声…？

遅れてきた仲間たちの鳴き声が、遠くからだんだん近づいてきた。

ダルシャは深い蒼色の目で僕を見つめながら、優しく言った。

「全ては決まっていたことだ。今日、俺がここで銃に撃たれ、お前さんと出会う、ということもね。じゃあな、ジョン。お別れのときだ。いいか、迷ったときは魂に聴くんだ。魂は全てを知っている」

「魂は、全てを知っている…」

「そうだ、忘れるなよ、ジョン」

そこでダルシャはニコッとほほ笑むと、澄み渡った大空を見上げた。

「俺はあっちの世界に行く。俺は俺を生きた。ほんとうの俺を生きた。精一杯、生きて生きて、ほんとうの俺を生き切った。なんて幸福な一生だったんだろう。神よ、大いなる存在よ、感謝いたします、ほんとうに、ほんとうに、ありがとうございます」

　そしてまた、僕を深く澄んだ蒼い目で見つめた。

「ジョン、俺の最後の話を聞いてくれて、ありがとう」

　言い終わると、深い蒼色の目から生気が抜けていった。僕はダルシャが死んだことをさとった。

　さっきまでダルシャだった存在は、生気をまるっきり失って、ただの物体になってしまった。

　遅れてきた仲間たちが走ってやってきた。

「ジョン、なんだ、コイツは。ばかでかい犬だな」

　息を切らしながら、親友のハリーが言った。

「犬じゃない。狼だ」

「狼か…でかいな。初めて見るな」

　ちょっと元気のない僕に気づいたのか、ハリーが問いかけてきた。

「どうしたジョン、いつものお前らしくないな。もっと喜べよ。お前の手柄だぜ。どっかやられたか？」

「いや、大丈夫だ。どこもやられてない」

僕の声は、自分でもびっくりするほど、小さかった。

仲間の犬たちは口々に大きな遠吠えを上げ、ご主人さまに場所を教えはじめた。しばらくすると馬に乗ったご主人さまが従者二人と、獲物を乗せる馬をもう一頭連れてやってきた。

「おお、狼か、大きいな！　これは上物だ。このあたりで狼は珍しいぞ。毛並みもいいし貫禄もある。何よりこの蒼い目がいい。この目つき、こいつは相当な歴戦の猛者(もさ)だな。これは他の連中に自慢できる。ジョン、またお前の手柄だな。帰ったらご褒美をやろう」

そう言うと従者に、

「運んどけ」

そう言い残し、次の狩りに向かってまた走り去っていった。

仲間の犬たちは、ご主人さまに遅れまいと口々に吠え立てながら、後を追って走っていった。僕が走りながら後ろを振り向くと、従者が二人がかりでダルシャを粗雑に馬の背にほうり投げていた。

僕はそれを見て、とっても悲しくなった。

2

あの日から、数週間がたった。

僕は相変わらずご主人さまと狩りの毎日だったけれど、ダルシャに会ったあの日から、狩りに熱中できなくなってしまった。何より、大好きだったご主人さまの笑顔も、ご褒美の干し肉も、あんまりうれしくなくなってしまった。

僕の働きは日に日に悪くなって、ご主人さまも僕がどこか怪我をしたんじゃないかって心配してくれていた。僕は、前ほど狩りに喜びを感じなくなってきたことを、僕自身で認めざるを得なくなった。僕はあの日、変わってしまったんだ。

窓から見えるご主人さまのお屋敷の大広間の、剥製（はくせい）になったダルシャの顔を見るたびに、いまは青色のガラス玉が入れられたその瞳を見るたびに、僕の胸の奥から何か熱いものがせり上がってきて、なんとも言えない悲しさと焦りに駆られてしまう。

獲物にトドメを刺すとき、どこからかダルシャの温かい声が聞こえてくる。

（お前さんはトドメを刺した獲物たちに、何か恨みでもあったのかい？）

ご主人さまからご褒美をもらうとき、またダルシャの声が響いてくる。

（お前さんは、たったそれっぽっちの存在なのかい？）

ああ〜…どうすればいいんだ…。

あるとき、ハリーが心配して話しかけてきた。ハリーはとても思慮深くて、いろんなことを知っている。僕が頼りにしている親友で、副リーダーでもあるんだ。

「どうしたんだ、ジョン、最近おかしいぞ。あの狼の日からずっとだ。何かあったのか？」

察しの良いハリーは、何かうすうす感づいているようだった。

「なんでもないさ。気にするな。そのうち治るから」

そう強がってみたものの、いっこうに気分は良くならなかった。

ある日のこと、もんもんと眠れなくて空が赤く染まってきた夜明け、ついにハリーに打ち明けることにした。

「ハリー、実は相談したいことがあるんだ」

横で丸くなって寝ているハリーに話しかけた。

ハリーはうっすらと目を開けて、ニコッと笑った。

「いいとも、話してくれよ」

僕はダルシャとの出来事、そして最近頭の中でささやいているダルシャの声のことなどを一気に話した。

何も言わずにじっと聞いていたハリーは、全部聞き終わるとしばらく黙っていたが、静かにゆっくりと言った。

「やめておけ」

「え？」

「やめておけって言ったんだ」

ハリーは僕を強い目で見つめた。

「ジョン、お前はここを出ていくつもりだろう？」

「ああ、このままだと…いずれはそうなるかもしれない」

「俺たちが外で生きていけると思っているのか？　俺たちはご主人さまから毎日えさをもらって生きているんだぞ。外に出て、どうやって生きていくつもりだ？　無理だよ、無理」

「そ…そうかな？　森にはたくさん獲物だっているし…」

「確かに獲物はいるし、俺たちは猟犬だ。だが万一、獲物が獲れなかったらどうするんだ？　獲物がいつもいるとは限らないんだぜ。それに俺たちはチームで狩りをする猟犬なんだぜ。一匹では何もできない。それがわかってんのか？」

「でも…」

「でもなんだ。俺たちはしょせん飼い犬なんだよ。毎日決まった時間に決まった場所でおいしいご飯にありつける。それのどこに不満があるんだ。自分の仕事をまっとうしてさえいれば、なんの苦労もなくご飯が食べられるんだぜ。毎日、毎日だ。外の連中はいつも腹ペコだ。何かに襲われるんじゃないか、飯にありつけるのかって、常に不安な毎日だ。外は弱肉強食と飢えが蔓延する過酷な世界だ。ここは違う。こんないい暮らし、外に出たらできないんだぞ。一回でも外に出たら、もう二度と戻れないんだぜ。どうしてこの楽で快適な暮らしを捨てる必要があるんだ？」

「でも、ここにはほんとうの自由がない」

「自由？　自由ってなんだ？　与えられた役割をこなして、その合間に好きなことをする自由ならあるだろう？　それが俺たち飼い犬の自由ってもんだ。俺たちはご主人さまという大きな囲いで守られているんだ。しょせん俺たちは囲いの中の犬なんだよ。囲いの中にだって自由はあるじゃないか。自由なんてそんなもんだ。何に不満があるってんだ。それに満足していればいいじゃないか」

「ハリー、それは、ほんとうの自由じゃない気がするんだ」

「ほんとうの自由なんて求めるのは間違っている。自分を守ってくれるものを否定までして得られる自由なんて、甘ちゃんの幻想さ。そんなこともわからないのか？　お前が求めるほんとうの自由ってのは、外に出たら死ぬっていうことなんだぞ」

「じゃあ、ハリー、お前はいま、自分がほんとうの自分らしいって感じるか？　自分らしい自分で生き生きと生きていると、感じることができるのか？」

「はっ、なんだよそれ。ほんとうの自分？　じゃあ、いまの俺はニセモノの俺ってことか？　ほんとうもニセモノもありゃしない。俺は俺だ。俺はハリーで、猟犬、それだけだ。お前も同じだ。お前はジョン、猟犬、俺たちのリーダー。それだけ、それだけさ。いいかジョン、余計なことは考えるな。何も考えずに役割だけこなしていれば、楽に幸せに、そこそこの自由を満喫して何不自由なく生きることができるじゃないか」

「何も考えないなんて、できないよ」

「ばか言うな、『無知は幸福』って言葉を聞いたことがあるだろう？　前のリーダーがいつも言っていたことだ。もう一つ『眠りは至福』とも言っていたよな。覚えているだろう？」

「ああ、なんとなく覚えてる。でも意味を考えたことはなかった」

「これはな、余計な知恵をつければつけるほど、不幸になっちまうってことなんだよ。苦しくなっちまうんだよ。何も知らないほうが幸福なんだ。考えないほうが幸せなんだよ。

眠っているほうが幸せなんだよ。だって俺たちはいままで幸せにやってきたじゃないか。俺たちは考えちゃいけねえんだよ。俺は何かを知って不幸になるより、何も知らないで眠ったままの幸福のほうがいい。お前もそうだ、悪いことは言わねえ、余計なことは考えるな、ジョン」

無知は幸福…確かにそうだ。それはいままでの僕だ。でも、僕は知ってしまったんだ。いままでの無知な僕の奥底に、ほんとうの僕がいて、そのほんとうの僕が「違う、いまの僕はほんとうの僕じゃない！」って叫んでいるのを知ってしまったんだよ。もう眠ったままでなんて、いられないんだ。

「わかったよ、ハリー。しばらく考えてみるよ」

「ああ、くれぐれも早まったマネをするんじゃないぜ。お前はここのリーダーなんだからな。俺だってみんなだって、お前がいなくなったら困るしな」

「了解…」

僕はハリーに背を向けて目をつぶった。

そうだ、ダルシャが言っていたっけ…魂に聴いてみるんだ。魂は全てを知っているんだから。

魂よ、君はどこにいるんだ？

僕は目をつぶったまま、身体の中に問いかけた。しばらくすると、胸のあたりが〝ほっ〟と温かくなってきた。

ここか、ここにいるんだね。

僕は、温かくなった自分の胸に問いかけた。

どうしたい？

どうしたいいんだい？

君の話を聴かせてくれよ。

君は、なんて言いたいいんだい？

すると、温かい胸の真ん中が熱く鼓動しはじめた。

これが、魂の返事？

僕は魂に向かって語りかけた。

「いまの僕は自由じゃない気がする。そう、いまの僕はほんとうの僕じゃない。僕は自由になりたい。ほんとうの僕になりたいんだ」

すると胸の真ん中がとてつもなく熱く、激しくドキドキと高鳴りはじめた。

これが…魂の声なんだ。

これが…魂の返事なんだ。

確かにハリーの言うことは常識的には当然のことだ。冷静に考えれば、当たり前の選択。でも、一回でも魂の声が聴こえてしまったら、もうそこには選択の余地なんてない。常識的じゃないかもしれない。頭が狂ったと思われるかもしれない。いや、僕はほんとうに狂ってしまったのかもしれない。でも、もう、そうするしかないんだ。そう、これは頭の選択じゃない、魂の選択なんだ。

胸の奥からせり上がってくる高鳴りは、僕を駆り立てるように強く激しく鳴り響いていた。

僕は、腹の底からさとった。そう、それは理屈を超えた確信に近い理解だった。


僕は、行かなければ、ならない！


朝日が昇り、いつものようにご主人さまが僕たちを引き連れて狩りに出かけた。犬たちは口々に吼えながらご主人さまの後を追って走りはじめた。

僕は大広間の窓から見えるダルシャの蒼い目と視線を合わせると、心の中でつぶやいた。

「ダルシャ、ありがとう。僕は行くよ。ほんとうの自由、ほんとうの僕を見つけにいく。

あっちの世界で見ていてね」

ご主人さまを先頭に、みんなはかなり先まで行っていた。僕は走りはじめ、時々振り向いては、小さくなっていくお屋敷や自分の小屋を見ながら、速度をトップギアに入れた。

さあ、今日でこの場所ともお別れだ！

今日も足は絶好調。速度がぐんぐん上がり、風のように走りはじめた。そしてあっという間にご主人さまたちに追いつき、そしてあっという間に追い抜いた。

向かう先はわかっている。


北だ！


僕は北に向かって全速力で走り抜けていく。

後ろからご主人さまの
「ジョン、どこへ行くんだジョン！」

という叫び声や、あわてた仲間たちの吼え声や、

「ジョン、ばかなマネはよせ！　戻るんだ！」

ハリーの声も聞こえた。

僕はそれらの声を背に、北に向かって風のように走り去っていった。

3

森を抜け、僕はご主人さまや仲間の声が聞こえないところで止まった。

「やった。やったぞ！」

ついに、ほんとうの自分への第一歩を踏み出したんだ。

深呼吸をしてみる。

冷たい朝の空気が鼻孔を冷たく流れ、肺に入り込んでくる。

ああ、なんて気持ちがいいんだろう。

新鮮な森の精気が、僕の身体を満たしていくようだ。

なんだろう？　何か違うぞ…。

濃密な森の匂い、さわさわと流れる木々の音、きらめく太陽の光…。

このあたりの森は熟知していた。どこにどんな木があり、どこに小川が流れていて、どこに獲物の通り道や住処(すみか)があるか…。いままでの僕にとって森は仕事場でしかなかった。

でも、いま僕を包んでいる森は、まるで違っていた。そう、頭の中にあった地図が、いきなりありありといのちになって目の前に現れたみたいだった。

そう、ここはよく知っている森だけど、初めての場所みたいだ…。

森って、こんなに美しかったんだ…。

太陽の光がキラキラとはじけるように輝いている。小鳥のさえずりが音楽のように心地よく響き、木々や草たちの香りが僕の心を包み込む。いま、僕は森を感じ、森と一体になっている。

「これがダルシャの言っていた『自由』なのか…？」

束縛を離れた自由、誰の命令も、誰の指示も、誰からの評価もされない自由、それは解放だ。なんの役割も、なんの役目も、なんの義務もない…そう、僕は自由だ！

「自由って、最高だ！」

ほほ笑みながら独り言をつぶやいた。

「さて、北だ、北に行こう！」

方向はわかっていた。僕は北に向かって歩きはじめたが、ふと立ち止まった。

「まずいな…」

ベレン山に行く途中、北の谷を通らなければならない…。

北の谷はあの「ガルドス」が治めていた場所だった。あの屈強なイノシシ、無敵の岩のようなガルドス…。僕はガルドスの鋼鉄のような筋肉と巨大な斧のような牙を思い出して身震いした。僕の尻尾の半分は、ガルドスと闘ったとき、食いちぎられてどこかに行ってしまった。

あそこは危ないな。

ガルドスはその猛々(たけだけ)しい気性と優れた統率力でイノシシのみならず、他の動物たちをも統治し、皆の尊敬を一身に集めていた存在だった。

僕たちがご主人さまと一緒にガルドスと闘って、激闘の末に倒した光景は多くの動物たちが目撃していたことだろう。しかも、ガルドスにトドメを刺したのは他ならない僕だった。北の谷では、僕は尊敬する主を討った〝憎きかたき〟なんだ。

でも、ベレン山に行く道は他にないし…。

いまの僕は仲間もいない、独りぼっちだ。注意深く、用心深く、警戒しながら進むしかない。

見つかったら、終わりだ…。

さっきの幸福感はどこかに飛んでいってしまった。僕は、抜け目なく周囲を窺いながら歩きはじめた。

しばらく歩くと、急に空腹感を感じた。

そういえば、朝から何も食べていなかったっけ…。

今朝の朝食も食べる気にならず、口をつけなかった。

食べておけばよかったかな…。

ハリーの言った通りかもしれない。決まった時間に決まった場所でご飯が食べられるというのはなんて楽だったんだろう。これからは自分で食べ物を見つけなければならないんだ。

果たして、僕にそれができるだろうか？

このまま、獲物が獲れなかったら、どうしよう。

飢え死にしたら、どうしよう。

そう考えると、僕の胸は不安でいっぱいになった。

もしかして、ダルシャの言っていたことを真に受けて、うかつなことをしてしまったんではないだろうか？　心の中に早くも後悔に似た気持ちが湧いてきた。

しかし、自分でなんとかするしかない。そう、もう自分でやるしかないんだ。

そう、自由って、そういうもんなんだ。

僕は自分を奮い立たせるようにブルブルッとかぶりを振ってから、周囲を見渡し、必死になって獣道(けものみち)を探しはじめた。

一時間ほど探した頃だろうか。小動物の獣道を見つけた。僕はそこで待ち伏せをすることにした。身を隠し、気配を消してさらに一時間、その獣道に灰色のウサギがやってきた。

僕は飛びかかれる距離になるまで用心深く待った。ウサギはそれとは知らずに、トコトコと近づいてくる。僕はパッと飛びかかり、首筋にガブリと噛みついた。ぐっとあごに力を入れると、ぽたぽたと生暖かいものが口から地面に滴り落ちた。ジタバタ動いていたウサギは、しばらくすると観念したようにおとなしくなった。僕はゆっくりと口を開いてウサギを地面に落とした。

僕は生まれて初めて自分が生きるために、自分で食べるために、いのちを奪う。

僕は思わず、ウサギに向かって言った。

「すまない。でも、君を食べないと、僕が死んでしまうんだ」

ウサギはつぶっていた目をびっくりしたように開け、苦しそうに話した。

「はっ、これは変わったやつだ。どの道おいらを食べるんだろう？　ま、いいんだ。気にするな。おいらはここで死ぬ。そして君に食べられる。きっとこれは決まっていたことなんだろう。おいらのいのちは、君のいのちの一部になるんだよ。おいらのいのちと君のいのちが一緒になるんだ。君もそのうち死ぬだろう。そして誰かに食べられる。この世界は、そうやってつながっているのさ。そういうふうにできてんのさ。つながっていないのは人間のやつらだけだ。君が人間の手先じゃなかったのが、唯一の救いさ。さあ、ひと思いにやってくれ」

　そう言うと、目をつぶった。

　そんなこと、考えたこともなかった。食べたものと一緒になる。いのちが一緒になる。身体は死んでも、いのちは続いていく……。じゃあ、僕がいままで食べてきたものは、いったいなんだったんだ？　あれは誰のいのちだったんだ？　いままで殺してきた獲物たちは、誰のいのちになったんだ？

　僕はウサギにトドメを刺し、食べはじめた。食べているうちに熱いものが胸の奥から湧き上がってきた。この世界はみんなつながっているんだ。いのちという大きなつながり、大きな流れなんだ。僕も、このウサギも、みんな、みんな、つながっているんだ……。

「ありがとう…ありがとう…」

　ぽたぽたと涙が流れ落ちてきた。涙で目が曇って、前が見えなくなった。

　僕の一部になったウサギのためにも、僕はしっかりと生きていかなきゃいけない。それがウサギのいのちに対する責任だ。生きるということは、いのちに対して責任を果たすことなのかもしれない。

僕は、決意も新たに歩きはじめた。

夜になる頃、やっと北の谷へさしかかった。

暗くなったら危ない。明るくなってから北の谷へ入ろう。

気配を隠せる場所をきょろきょろと探すと、せり出した大きな岩と、茂った枝葉で身を隠せるちょうどいい場所を見つけた。

よし、今晩はここで一休みだ。

僕はすぐ、ぐっすりと眠りに落ちていった。

第2章　北の谷——身体・エゴ・魂

何かいる…。

月明かりの中、目を覚ました。

気配を感じる、しかも、一つじゃない。

感覚を研ぎ澄まし、気配の数を数えた。左後方に四つ、右後方に五つ…左側面にも二つ…。

そう、僕は囲まれていた。

さらに感覚を研ぎ澄まし、逃げる方向を探す。

右前方には誰もいない。

走り出す方向を決めると、両足を静かに地面につけた。そして徐々にゆっくりと足の筋肉に力を入れ、爪を地面に食い込ませた。最高瞬発力が発揮されるまで身体に十分に力をため、準備ができると同時に、思い切り地面を蹴って右前方に走り出した。

ギアはすぐにトップスピードに入った。風のようなスピードだ。正体不明の気配は瞬く間に後方へ消えていった。

何者だったんだろう?

ここは北の谷だ。何が起きてもおかしくない。

そう思ったとたん、また周囲に気配を感じた。

まただ…今度は左側面と後方に三つずつ、右後方に二つ…。

僕は正面に向かってまた速度を上げた。

今度のやつらはなかなか速いぞ…。

今度の気配はしぶとくついてくる。

僕は周囲を窺いながらトップギアで走り抜けていった。月明かりに照らされた森の木々が瞬く間に後方へと流れていく。トップギアで走っているのに気配の数はなかなか減らない。置いていかれて消える気配もあれば、新しく加わるものもあり、その数は徐々に増えているようだった。

そのとき、僕は気づいた。

これは…。

狩りだ！

僕はある地点へと導かれるように、追い立てられている！

そう、いままで僕がやっていた獲物の追い込みを、いま、まさに僕がされている！

しかも、追い立ては巧妙だった。獲物である僕に選択肢はなかった。

これは、相当なやつが指揮を取っている！

まずい…まずい…。

僕は巧妙に追い立てられ、ついに大きな広場に飛び出してしまった。

ここが、終着点！

月に照らされた広場の正面には、横にずらりと並んだ動物たちの影が立ちはだかって、僕を待ち構えていた。

広場の真ん中で足を止めると、後方から追ってきた気配たちも次々に広場に出てきた。

それは二十頭ほどの若いイノシシたちだった。

正面に立つ動物の中でも、ひときわ大きな影が、ゆっくりと近づいてきた。

「ガルドス…生きていたのか？」

「やはり、お前はあのときの犬野郎だな」

その巨大なイノシシの影が答えた。そして僕を憎々しげに睨みつけ、低い声で言った。

「俺はガルドスじゃない。ガルドスの息子、アンガスだ」

よく見ると大きさはガルドスよりも少々小さいものの、猛々しい目、身体中にみなぎるこぶのような筋肉、頭のてっぺんにある白いたてがみなど、ガルドスにそっくりだ。

「なんの用だ」

答えは想像できたけれど、僕はアンガスに聞いてみた。

「お前、名はなんと言う?」

アンガスは、僕の問いに答えずに聞き返してきた。

「僕はジョン。お前の言う通り、ガルドスにトドメを刺したのは、僕だ」

それを聞いたアンガスは猛々しい目をさらに険しくした。そして不敵な笑みを浮かべながら言った。

「こざかしい人間どももいない、仲間の犬野郎たちもいない。今日はお前が死ぬ日のようだな、ジョン」

いや、死んでたまるもんか。僕はほんとうの自分を見つけるために旅に出たんだ。まだ旅は始まっていない。こんなところで死ぬわけには、いかない!

周囲を見渡す。自分が抜けられそうな包囲網の隙を注意深く探したけれど、まさにアリの這い出る隙もなかった。アンガスはああ見えて、なかなか隙のない優秀なリーダーのようだった。こういうときは、群れのリーダーを倒すことが闘いのセオリーなんだけれど、アンガスも一筋縄ではいきそうもない。

僕の気持ちとは裏腹に、包囲網はジリジリと狭まってくる。アンガスは口元に歪んだ笑みを浮かべながら言い放った。

「オヤジ殿のかたき、取らせてもらうぜ」

言葉が終わるやいなや、猛烈なスピードで突進してきた。アンガスの巨大な牙が月明かりに照らされ、鋭利な刃物のようにギラリと光った。

えいっ！

僕は思い切り左に飛び、ギリギリのところでかわした。僕の右後ろ足にうっすらと血の筋が浮き上がった。

かわされたアンガスはすぐに振り向き、ニヤリと不敵な笑みを浮かべた。

「さすがにオヤジ殿を倒したやつだ。こうじゃなくちゃ、つまらねえ！」

またしても白い牙を鋭く突き出して、猛スピードで突進してきた。

やあっ！

僕はこの攻撃も右に飛んで、すんでのところでかわした。

す…鋭い…。

このままこれをかわし続けても、いずれはやられてしまう。防御から攻撃に変えなければダメだ。そのタイミングをつかむんだ。

アンガスが三回目の突進を仕掛けてきた。アンガスは僕がジャンプするタイミングをつかんできたのか、突進はますます鋭くなってくる。

ギリギリでかわした僕は、アンガスが振り向く直前、背中が隙だらけなことを発見した。

よし、あそこだ！

次のアンガスの攻撃をかわした瞬間に、空中で体勢を変え、アンガスが振り向く直前に背中に噛みつくんだ！　そして、意表をつかれてアンガスが暴れ、組織の統率が失われた隙をついて脱出だ！

三度目の突進もかわされたアンガスは、怒り狂ってさらに猛スピードで突進してきた。

うがぁ～っ!!

アンガスは火砕流（かさいりゅう）のように怒濤（どとう）の勢いで突撃してくる。当たったらひとたまりもない。

よし、いまだ!!

え～いっ!!

僕は思い切り飛び上がり、突進してきたアンガスをギリギリで飛び越えた。

そして、空中でくるりと向きを変え、振り向きざまにアンガスの隙だらけの背中に向かって牙をむき出し、まさに噛みつこうとした、その瞬間だった。

「その闘い、やめぇい‼」

まるで地震のような咆哮が響き渡った。

5

僕は思わず噛みつくことを忘れて着地した。アンガスも振り向いて止まった。まわりのイノシシたちもおとなしく声のする方向を見ている。そこからアンガスよりもさらに一回り大きなイノシシがゆっくりと歩いてきた。

「コウザさま…！」

「コウザさま…！」

若いイノシシたちが口々につぶやいている。

アンガスが驚いたようにその声の主を見つめた。僕はそのコウザと呼ばれているイノシシをまじまじと見つめた。堂々たる体軀はアンガスよりも一回り大きく、大きさだけならガルドスよりも大きいかもしれなかった。

堂々たるこぶのような筋肉や身体の縞模様も、アンガスやガルドスに似ていた。年齢のせいなのか、白いたてがみとその威厳ある顔を覆う毛が月明かりに照らされ、銀色に輝いていた。

コウザと呼ばれたその大イノシシは、僕に顔を向けた。

「おぬしのことは知っている。わしの息子ガルドスを殺したやつだということも、よくわかっている」

その声は、低く響き渡り地響きのようだった。コウザはアンガスに言った。

「アンガスよ、お前の気持ちもわからんでもない。だが、こんな無益な闘いや殺生はまったくの無意味じゃ。これでは、人間と同じじゃ」

そして、アンガスをたしなめるように睨んだ。

アンガスは歯をぐっと食いしばり、黙ってコウザを見ていたが、我慢し切れずに言った。

「しかし、オヤジ殿のかたきを取りたいんだ。こいつは人間どもと一緒に、オヤジ殿を殺したやつじゃないか！　あの…あの…あのオヤジ殿をだ！」

そう言ったアンガスの目から大粒の涙がぼろぼろと溢れ出した。コウザはもう一度アンガスを睨みつけ、言った。

「わしらはわしらの誇りがある。イノシシとしての誇り、北の谷の主としての誓いを忘れたのか？」

そして今度は、深く優しい声で言った。

「この行いはおぬしの『魂の声』に従っているのか？」

「…うっ…ううう」

アンガスは何も言えずにうつむき、涙を流した。コウザは僕の顔を見ると、静かに言った。

「そういうことじゃ」

僕は、コウザの銀色に光る目を見つめた。

「わしはおぬしがなぜ、ここにいるかが知りたい。人間に飼われていたおぬしが、なぜ、こんな時間に、こんな場所に一匹でいるのかを、じゃ」

コウザはそう言って、僕の目を探るように見つめた。

「まあ、ついてきなさい」

僕はコウザの後を追い、いままではご主人さまに叱られてしょんぼりした子犬のようになってしまったアンガスと、これまたおとなしくなってしまったイノシシたちの間を進んでいった。

森の中をしばらく進むと、巨大な木とその枝に囲まれ、枯葉が敷き詰められている大きな空間に出た。

「ここがわしの家じゃ。まあ、座りなさい」

コウザは僕のほうを振り向いてどっかりと腰を下ろした。すると、周囲からどこからともなくイノシシたちが現れて、イモを運んできた。

「さて、大したもてなしはできんが、まあ、その様子では腹も減っているじゃろう。食べなさい」

コウザは目の前にあるイモを食べはじめた。

「ありがとうございます。それでは、いただきます」

一通りお腹が満たされる頃を見計らって、コウザが話しかけてきた。

「で、おぬしはどうしてここにいるんじゃ？」

僕はコウザにダルシャに出会ったこと、ご主人さまの家から旅立ったことなどを話した。コウザはゆっくりと遠くを見つめながら、感慨深げにつぶやいた。

「そうか、ダルシャも…ついにあっちに行ったか…」

「ダルシャを知っているんですか？」

「ああ、知っとる。よく知っとる」

　コウザは話を続けた。

「わしとダルシャはイノシシと狼という種族を超えた友人じゃった。わしが若い頃、ダルシャはまだ子どもじゃったがのう…わしらはともにハイランドを目指した」

「ハイランド！」

「そう、ハイランド」

「この先にあるベレン山を越えていくとアマナ平原がある。そのまたさらに先にあるのが『ハイランド』じゃ」

　コウザはそういうと、懐かしそうに目を細めて空を見上げた。

「ハイランド…そこはわしらやおぬしのように、ほんとうの自分に目覚めた者たちが目指す場所。ほんとうの自分を探す旅…ほんとうの自由を見つける旅…それがハイランドへの旅なのじゃ。ハイランドを目指して旅をしても、全ての者がたどり着けるわけではない。ほんとうの自分、ほんとうの自由を理解できた者のみがたどり着く場所、それが『ハイランド』なんじゃ」

「ほんとうの自分…ほんとうの自由…」

「ハイランド…そこへ向かう者は少ないが、たどり着く者はもっと少ない。多くの者は道に迷い、誤り、見失う。いのちを落とす者も多い。あきらめる者、あるいは幻想だったと自分をごまかす者、様々だ。そして…わしも、たどり着けなかった」

そこまで言うと、コウザはゆっくりと僕の目を見つめた。

「ほんとうの自分、ほんとうの自由を見つけたいという強い意志と覚悟がなければやめたほうがよい。いのちがけじゃぞ。おぬしにはそれがあるか？」

「はい、あります。僕は、必ずハイランドへ行きます」

ここまで来て、引き返すなんてありえない。

「うむ、そう言うと思っておった。ダルシャから最後の招待を受けた者がおぬしならば、おぬしに良いことを教えてやろう。これからの旅にきっと役立つじゃろう」

そう言ってコウザは大きく息を吸い込み、ぶぉ〜っと鼻から吐き出すと言った。

「わしらは三つの存在が、一つに合わさっている存在じゃ」

「三つ？」

「そう、三つじゃ。三つが一つになった存在。三位一体、それがわしらじゃ。その一つ目は身体、肉体じゃ。わしらは身体で生きている。身体があることで、この世界に存在しておる。身体はこの世界を生きるための乗り物じゃ。だからこの世界にいるときは、この身体を養っていかねばならん。大事に面倒を見、世話をしてやらねばならん。食事をし、睡眠を取り、疲れを取り、身体が快適に動くようにしなければならん」

僕は、自分の食物にするために狩ったウサギを思い出した。

「身体の声を聴き、身体の声に従わないと、身体は滅びる。身体を粗末に扱うと、身体は故障する。それが病気じゃ。そうなったら、わしらも滅びる。つまり死じゃ」

そう言うと、コウザは念を押すように僕の目を見た。

「これは、わかるな」

僕が小さくうなずくと、コウザは話を続けた。

「二つ目は自我、エゴじゃ」

「自我？　エゴ？」

「例えば狩りじゃ。どこに行けば獲物がいるか、どうやって獲物を追い込むか、あるいはどうやって敵から身を守るか…。あるいは、どうやって仲間と良い関係を作っていくのか。エゴは重要じゃ。エゴはこの世界で生き残るための機能じゃ。身体の声だけでは、とうてい生き残ることはできない。身体を管理し、自分にとってより良い状況を作り出すような行動をする。あるいは計画していく。この厳しい世界で生き残っていくために考え、行動するという機能、これが自我、エゴじゃ」

そう言うと、コウザはまた僕の目を覗き込んだ。

「これも、わかるな」

僕はまた小さくうなずいた。

「最後の三つ目は…魂、スピリットじゃ」

「魂…」

「三つの中で、一番理解しづらく、一番忘れてしまいがちなもの、それが魂じゃ」

コウザは僕の目を見ながら、一つ一つ言葉を確認するように語りかけた。

「身体とエゴだけでも〝生存〟していくことはできる。多くの人間たちはこれじゃ。この二つしか機能しておらず、魂が死んでおる」

「魂が、死んでいる?」

「そう、死んでおる。**肉体は魂の乗り物なのじゃ。エゴは御者（ぎょしゃ）にすぎぬ。魂こそがわしらの本質なのじゃ**」

「……」

「人間…やつらは大切なものを忘れてしまったのじゃ。だから多くのいのちを平気で奪う。自分や自分たちの仲間のことしか考えない。いのちゃ全体のことわりを見ることはできんのじゃ。エゴの特徴じゃな。目の前と自分しか見えん。全体の中の自分がわからない。愚かなことじゃ。これは〝ほんとうに生きている〟こととは違うんじゃ。悲しいことじゃ」

　そこまで言うと、コウザは僕をじっと見ながら言った。

「そうじゃ。〝生存している〟と〝ほんとうに生きている〟は違うんじゃ」

　ダルシャも、同じことを言っていた…。

「わしらが人間たちと決定的に違うのは、『魂の声』を聴くことができる、ということなんじゃ」

「魂の声…」

「身体の声を聴くことは簡単じゃ。腹が減る、眠い…。エゴの声も簡単じゃ。どうすれば得をするか、どうすれば他の連中を出し抜けるか、どうすれば優位に立てるか、どうすれば楽をして望みを叶えられるか、どうすれば嫌なことから逃れられるか…自分、自分、自分、それればっかりじゃ」

　僕も…僕もそうだったかもしれない…。

「人間に狩られた動物たちは、人間が食料として狩ったのか？　自分たちの身体を養うために殺したのか？　動物たちは、いのちの循環の輪に入れたのか？」

　僕は、剥製になったダルシャや他の動物たちの姿を思い浮かべた。

「いいえ…違います…」

「人間は己のエゴを満足させるために殺すのじゃ。自分が殺した動物をお互いに自慢し合い、自分がいかに強く、優れているかを競い合っている。殺される動物たちは人間のエゴの生け贄なのじゃ。人間のエゴのえさになってしまったのじゃ」

僕は何も言えなかった。その人間たちの手先となり、ご主人さまから撫でられたり、干し肉をもらって喜んでいた僕は、なんて愚かだったんだろう。

「僕は、愚かでした…」

「初めは誰でもそうじゃ。魂の声は簡単には聴こえん。いろいろな経験を積み重ね、初めて聴こえるようになるんじゃ。ま、アンガスは…アンガスにはまだ少々早いようじゃがの」

「ガルドスには…ガルドスにはすまないことをしました」

「ガルドスは己の魂の声に従って闘ったのじゃ。やつはこの谷の長として、この谷を守るために、自らのいのちを差し出すことが必要だということをわかっておった。わしらはどう頑張っても、人間たちの武器には敵わん。おぬしのような優れた犬たちもおるでの」

「それじゃ…」

「そうじゃ。ガルドスは自分が人間たちに討たれることで、この谷を守ったのじゃよ。ガルドスは、自分のいのちをこの谷に捧げたのじゃ」

僕は、何も言えなかった。

「ガルドスが身体とエゴの声しか聴いていなければ、逃げ出していたことじゃろう。あの闘いに行くということは〝死〟を意味しておった。わしらも死にたくはない。一日でも長くこの身体とともに、生きていたい。しかしガルドスの魂の声は、そうささやかなかった。そして、ガルドスは、見事にその声に従ったのじゃ」

コウザは僕の目を、しっかりと見つめた。

「じゃからこそ、おぬしには責任がある」

「責任…？　僕に、責任…ですか？」

「そうじゃ。おぬしにはガルドスを殺した責任、ダルシャの最後の聞き手としての責任がある。そう、つまり、おぬしは自らの魂の声に従って生きていく、という重大な責任がある」

コウザは強い視線で、僕を見た。

「ジョンよ、覚悟せい」

コウザはゆっくりと立ち上がり、奥の部屋に消えていった。

責任…。

自分の魂の声に従って生きる、責任…。

僕はその夜、なかなか眠れなかった。

翌朝、僕は朝日とともに目を覚ました。元気よく立ち上がると、思い切りブルブルッと身震いした。その音に気づいたのか、奥の部屋からコウザが入ってきた。

コウザは振り向いた。

「ほれ、入らんか」

その声に促されるように、アンガスが入ってきた。アンガスはなんとも言えない複雑な表情をしていた。僕は思わず言った。

「ガルドスにはすまないことをした。謝ってゆるされるとは思っていないけど、ほんとうに申し訳なかった」

そして頭を深々と下げた。自分の気持ちを表すには、いまはこれしかなかった。

「俺のエゴはお前をゆるすな、殺せと言っている。しかし、魂はゆるしてやれ、仲間だと言っている。両方とも俺だ」

アンガスは僕をまっすぐに見つめた。コウザは言った。

「ジョンよ。ハイランドへ行け。おぬしがたどり着けるかどうかはわからん。じゃが、ハイランドへ向かう旅そのものが、おぬしにとって意味のあるものとなるはずじゃ」

「ハイランド…」

「まずはベレン山に行きなさい。ベレン山はこの北の谷からまっすぐに北へ五日ほど歩けば着く」

「ありがとうございます。でも、ベレン山にはいったい何があるのですか？」

「それをいま知っても、どうにもなるまい。大いなる存在のご加護があれば、ベレン山に行けばわかるはずじゃ」

「わかりました。それでは、僕は行きます。ほんとうにありがとうございました」

僕はベレン山に向かって走り出した。速度はすぐにトップギアに入った。後ろを振り向くと、コウザとアンガスの二つの大きな影が、どんどん小さくなっていく。

僕はまっすぐに正面を見てつぶやいた。

「いくぞ！　ベレン山！」

第3章　ベレン山——恐れを見抜く

コウザとアンガスの元を出発して約二日、北へ向かって歩き続けた。

お腹がすいたらイモを掘ったり、木の根っこをかじったり、落ちている木の実を食べてお腹を満たした。いのちの循環とは言え、なるべく狩りはしたくないと思った。

落ちていた木の実をカリカリとかじってしばらく、そう、二時間ほども歩いた頃だっただろうか、周囲に複数の気配を感じ取った。

また、イノシシか？　ついてきたんだろうか？

僕は気配に気づいたことをさとられないように、歩きながら周囲への感度を高めた。

一…二…三…全部で四つ。後ろからついてきている…。

そのまま、また二時間ほど歩き続けると、その気配に「殺気」がないことに気づいた。

僕はいざとなったら安全に脱出できる場所を見計らって立ち止まり、振り返った。

「何か用かい？」

話しかけられた気配たちは、しばらく草むらに潜んでいたけれど、僕が動きそうもないことをさとったのだろうか、一つが草むらから出てきた。

それは、僕と同じ犬だった。その犬は言った。

「お前、どこへ行くつもりだ」

「君こそ、なんで後をつけてくるんだ」

「ふん、お前の行き先にちょっと興味があってな」

その犬が答えると、隠れていた気配たちも次々に草むらから姿を現した。全員で四匹の犬だった。その目つきや立ち振る舞いから、僕と同じ猟犬のようだ。でも、犬たちはやせこけて、毛の艶もなく、人間たちから離れてずいぶん時間がたっているようだった。

「君たち、猟犬か？」

「ふん、〝元〟猟犬、と言ったところだな」

「元？」

「お前…〝鷹の羽〟のところのジョンだな」

「僕を知っているのか？」

「まあな…」

その犬はクフフ…と含み笑いをした。

僕のご主人さまの帽子に大きな鷹の羽根がついていたので、僕たちは〝鷹の羽〟と呼ばれていた。

「そういう君は、誰だ？」

「俺はマフィー。こいつらは右からジンガ、フート、アイカだ。みんな俺の仲間だ」

「どうして僕のことを知っているんだ」

マフィーはうっすらと笑った。

「眉間の三日月、ちぎれた尻尾、抜け目ない目つき、俺たちの間ではお前は有名なんだよ。俺たちは一年前まで〝赤鞍〟のところにいたんだ。お前は覚えていないだろうが、一緒に狩りをしたことだってあるんだぜ」

〝赤鞍〟とはご主人さまの狩り仲間で、真っ赤な鞍に乗っていることでつけられたあだ名だった。いままでに数回、一緒に狩りをしたことがあった。ちょうど一年前はガルドスを討ち取った頃だっただろうか。

「お前のような人間さまにばか忠実で単純なヤツが、どうして独りぼっちでこんなところにいるか、それに興味があるのさ」

マフィーはそう言うと、後ろの仲間たちを振り向き、ニヤリと笑った。三匹もマフィーに合わせてニヤリと笑った。

「僕は、ベレン山に行く」

犬たちはさも面白そうに顔を見合わせ、クックと笑いはじめた。

「何がおかしい」

「お前さん、ダルシャに会ったのかい？」

フートと呼ばれた犬が言った。

「そうだ」

「お前さんもだまされたんだな～。かわいそうに～」

アイカがばかにしたように言った。

「なんだと!?」

一匹だけ真顔だったジンガが言った。

「ベレン山、あそこへ行って戻ってきたものはいない」

マフィーが真顔で言った。

「ジョン、お前も、だまされたんだよ」

「どういうことだ？」

「ベレン山、あそこにいるのは誰だと思う？」

「知らない。誰なんだ？」

「ジョン、お前は『赤い魔獣』の伝説を知っているよな」

「赤い魔獣」とは七年ほど前、ベレン山から北の谷、僕の住んでいた森から西の森まで、動物はおろか人間たちさえも恐怖に陥れた巨大な熊のことだった。多くの人間たちが協力して殺そうとしたけれど、逆に大きな被害を出し、結局断念したということを先輩の犬たちから聞いていた。

ご主人さまも狩りに参加し、僕の先輩の猟犬たち七匹のうち五匹が無残に殺されたとのことだった。

「ベレン山、あそこにいるのは『赤い魔獣』だ。ダルシャは『赤い魔獣』の手先で、お前みたいな頭の悪いヤツをだまして山に誘い込み、『赤い魔獣』のえさにしていたのさ」

えっ？

そんなばかな。

「どこにそんな証拠があるんだ？」

マフィーは自信たっぷりに答えた。

「証拠か、それは俺たちさ。俺たちもダルシャに会った。一年ほど前のことだ」

僕はマフィーをじっと見つめた。マフィーの目はうそを言っていなかった。

「〝赤鞍〟は俺たちを手ひどく扱っていたんだ。だから、俺たちはダルシャの話を聞いてほんとうに行きたいと思った。自由ってやつが欲しかったんだ。ガルドスがお前たちに倒された後だったから、谷を抜けるのは大変だった。そして、いのちがけで北の谷を抜け、ここまで来たんだ。そのとき、俺たちは八匹の集団だった」

マフィーは少し遠くを見つめ、そして再び僕を見て重い口調で続けた。

「ベレン山に入った俺たちを待っていたもの…それは〝恐怖〟だった」

「恐怖？」

「そうだ〝恐怖〟だ。俺たちも人間たちとの狩りである程度の経験はしてきたつもりだ。チームで連携して動くこともできるし、一匹一匹だってそれなりだ。しかし、後にも先にもあんな恐ろしい思いをしたことはない。気づくと俺たちは四匹になっていた」

「他の四匹はどうなったんだ？」

「翌日の朝、俺たちも心配になってその場に戻った。そこは地面に血がしみ込んで真っ赤になってた。他に何も残ってなかった。みんな、ヤツに食われちまったんだ」

僕は何も言えずにマフィーを見つめた。

「ジョン、お前、ガジョを知っているよな」

「ああ、知っている」

ガジョは赤鞍の猟犬たちのリーダーだった。それも完璧なリーダー、そういう存在だった。僕はガジョの凛々しい姿を思い出した。強靭な身体、常に冷静で的確、そして勇敢。仲間のために働き、全力の努力を惜しまない。完璧だった。ガジョは僕たち猟犬仲間たちの中でも、常に尊敬を集め、多くの犬たちの目標とされる存在だった。

「ガジョは、あのとき死んだ」

「あのガジョが…死んだのか!?」

僕はにわかには信じられなかった。あの…ガジョが？

「そうだ。あのガジョですら抜けられなかったあそこを、お前が抜けられるはずがない。しかもお前は独りぼっちだ。お前をこの先で待つものは〝恐怖〟そして〝死〟だ」

恐怖と死…。

「悪いことは言わない。ベレン山に行くのはやめておけ。ここから引き返せ。鷹の羽のところに戻れ。俺たちみたいな野犬になってもいいのか？　俺たちは戻りたくても、もう戻れないんだ」

マフィーの言葉はうそではなさそうだ。確かに、このまま進めば「赤い魔獣」に殺されるかもしれない。しかし、ベレン山に行かないと、その先へは進めない…ハイランドへは行けないんだ。

どうする？

ゆっくりと目をつぶった。

そう、迷ったときは「魂の声」を聴く……。

僕は自分の胸の深くに問いかけた。

どうする？

どうしたい？

僕が目をつぶって黙ってしまったので、マフィーたちも黙って僕を見つめた。

このまま進む？

それとも引き返す？

どっちが君の答え？

そう、引き返すという選択をすれば、いのちはながらえることができるだろう。でも、それがほんとうに僕の行きたかった場所なんだろうか？　それが僕らしい生き方なんだろうか？　それが、ほんとうの僕なんだろうか？

すると、言葉にならない答えが返ってきた。それは、温かな太陽の光みたいな返事だった。僕はそれが「このまま進むんだよ」と言っているように感じた。

そうだ。

確かにマフィーの言うように「赤い魔獣」に殺される可能性だってある。でも、それはそれで僕が選択した道なんだ。自分の選択、魂の返事を信じるんだ。何がどうなるかなんて、わからないんだから。

「マフィー、ありがとう、でもやっぱり、僕は行くよ」

マフィーはびっくりして目を丸くした。

「行くのか？」

他の犬たちも口々に言った。

「やめとけ、ばかなことはするな！　殺されるぞ！」

「死ぬぞ」

「食われるぞ！」

「みんなには感謝する。ありがとう。でも僕は行くよ。たとえ殺されても、僕はそれでもいい」

唖然としている犬たちを背にして、僕は歩きはじめた。

「戻ってこい、ジョン！　戻って俺たちの仲間になってくれ！」

マフィーの叫び声が後ろから聞こえた。僕は心の中でマフィーたちに感謝しながらも、振り向かずにベレン山に向かった。

マフィーたちと別れて二日たった。

いま、僕の目の前に、大きな壁のようなベレン山が黒々とそびえ立っている。山は来る者を拒絶するかのように、鉛色の重苦しい空気に包まれていた。

ほんとうに、あの「赤い魔獣」がいるんだろうか…。

「さて、ここから先は…」

ふと視線を上げると、僕の視界の隅に巨大な楠（くすのき）が森の木々から突き出ていた。高さは五十メートルほどもあるだろうか、とてつもなく巨大な楠だ。まわりの木々がまるで雑草のように小さい。僕はその楠が手招きしているように感じた。

よし、まずはあそこへ行ってみよう！

僕はそこに何が待っているかも考えずに、まるで火に引き寄せられる昆虫のように、巨大な楠へ向かって道なき道を歩きはじめた。岩を越え、草を掻き分け、倒木を乗り越えながら楠へと近づいていく。楠へあと百メートルほどの距離に近づいたときだろうか、なんとも言えぬ気配を感じて立ち止まった。

こ…これは何？

楠を中心とした空気が、暗く、重く、地面の中にめり込んでいるように感じた。背中にビリビリと電気が走った。

何かいる…もしかして、「赤い魔獣」？

全身の毛が、緊張でそそけ立った。

心臓がバクバクと音を立てはじめ、足のさきっぽが冷たくなった。

行くべきか、戻るべきか…？

もう一度目を閉じて自分に聞いてみたが、答えは同じだった。

「僕のエゴは逃げろと言っている。でも、僕の魂は行けと言っている」

覚悟せい…。

コウザの言葉が、低く胸に響く。

風下に移動して身をかがめ、細心の注意を払って一足ずつ、そろり、そろりと楠に近づいていった。楠に近づけば近づくほど、空気は重く、息が苦しくなってくる。まるで楠のまわりだけ重力が何十倍にもなっているみたいだ。

「これが…これが〝恐怖〟…」

大きなこぶのように節くれだった楠は、それ自体が巨大な生物のように周囲を威圧し、支配していた。真っ黒で巨大な幹から発する目に見えないエネルギーが、周囲を黒っぽい灰色に染め上げ、肝心の楠がよく見えない。

勇気をふりしぼって一歩ずつ前に進む。足が重く、なかなか前に進まない。肺に鉄板が入ったように、息苦しい。やっと楠まで三十メートルほどの距離に来た。耳が詰まって鳥の声が聞こえなくなった。空気に押しつぶされそうになりながら、足を一生懸命踏ん張って、草の陰から楠を偵察した。

楠以外は何も見えない。幹の太さはゆうに十メートルを超えている。なんて大きさなんだろう。そして幹の反対側から、何かとてつもない巨大な圧力を感じる。

警戒レベルを最大に上げ、楠の幹をゆっくり静かに大回りしはじめた。しばらく回り込むと、幹の陰から何やら動物の毛が見えてきた。

「赤い魔獣」！

その赤黒い剛毛は、人間の弾丸をも跳ね返すと伝え聞いていた「赤い魔獣」の毛にそっくりだった。足がブルブルと震え出した。

こ…殺される。

勇気を出せ、勇気を出すんだ！

勇気をふりしぼって、静かに幹を回り込み続けた。

数歩進むと、その動物の足が見えてきた。それはまぎれもなく、熊の足だった。しかも、それは見たことも聞いたこともないほど巨大だった。

足に続き、大木のような太い腕と巨大で真っ黒な大爪、赤黒い剛毛に覆われた巨大な胴体が見えてきた。

そして、ふと気づくと、僕はいつの間にか、この巨大な怪物の正面に立ってしまっていた。

なんとそこで、僕の足はまるで呪文にかかったかのように、動かなくなってしまった。

う…動けない…。

怪物の顔を見ると、目をつぶっている。寝ているのだろうか？

い…いや、そんなはずはない。もうとっくにこちらの気配に気づいているはずだ。

怪物の胸がゆっくりと上下していた。怪物は、そのゆったりとした動きと、ごうごうと重く響く呼吸の音だけで、この場を完全に制圧してしまっていた。

う…動けない…。

足は凍りついたように、動きを止めてしまった。

そのときだった。まるで僕が自分の目の前に来るのを知っていたかのように、巨大な大熊がゆっくりと目を開けた。

それは、真っ黒な穴だった。

穴…。

感情のない、真っ黒な穴。

底なしの真っ黒な穴が、僕を吸い込もうとしていた。

死…。

死ぬ！

真っ赤な血しぶき、絶叫とともに真っ二つになって飛び散る馬や犬の肉塊、血で染まった大地…。

マフィーの言っていたことや、先輩の猟犬から聞いていた数々の恐ろしい光景が、頭の中で鮮明に映し出された。

逃げろ！　逃げるんだ！

しかし、足は凍りついたように動かない。大熊は真っ黒な穴の目で、僕をとらえている。

頼む！　動いてくれ！

動け！

動いてくれ！

必死になって足に念じる。すると、足は突然、呪縛がとけたように活力を取り戻した。

やった、動くぞ!!

僕は大熊に背を向け、一目散に全速力で大熊から逃げ走った。

死にたくない！

追いつかれたら、殺される！

早く！　早く！　早く離れるんだ！

逃げろ！

逃げろ！

逃げるんだ！

無我夢中で、走りに走った。

どこをどのくらい走っただろうか、少し落ち着いた頃、振り返って見ると、楠はかなり小さくなっていた。幸いにも大熊の姿は見えず、気配も感じなかった。

た…助かった…！

僕は荒くなった呼吸を整える間もなく、どかっと地面に腰を下ろした。

「あれが、『赤い魔獣』…」

安堵感と脱力感が僕を包み、どっと疲れが噴き出した。気づくと太陽が西に傾きはじめていた。

今日は、このあたりで休もう。ほんとうに大変な一日だった。

あんなに恐かったのは生まれて初めてだ。ガルドスと向かい合ったときも、白帝と闘ったときも、あんな恐怖は感じなかった。彼らとは好敵手、そんな感じだった。

でも、あの大熊は…。

自分とはまったく別次元の存在。あっという間に虫のように踏みつぶされてしまう、異次元の存在感、けた違いの恐怖だった。

真っ赤な夕日が壮大に山の木々を映し出していた。僕はその美しい景色を味わう余裕もなく、ぐっすりと深い眠りに落ちていった。

翌朝、まだ暗く日が昇る前、目が覚めた。僕はすっくと立ち上がると、ブルブルッと身震いした。

さて、どうしよう…？

「赤い魔獣」を避けて、ベレン山に登るしか方法はなさそうだ。そうだよ、楠のそばを通らなければいいいんだから。

「赤い魔獣」はあの楠のあたりを住処にしているんだろう、きっとそうだ。だからなるべくあそこから離れて山に向かえばいいんだ。

遠くに見える楠を背にして、道なき道を進もう。

歩きながら、昨日の出来事を思い出す。

あの圧力感、威圧感、そして、全てを飲み込むようなあの穴のような目…。思い出しただけでも足がすくむ。僕もいままで数々の強敵たちと闘ってきたけれど、あんなに恐かったことは初めてだった。まったく次元の違う〝絶対的な強さ〟を目の前にしたとき、自分が情けないほど〝ちっぽけ〟な存在なんだって突きつけられた感じ。

まさか、こんなところに伝説の「赤い魔獣」がいるなんて…なんて運が悪いんだ。

マフィーが言っていたように、ダルシャは「赤い魔獣」の回し者…?

僕は大きくかぶりを振って、その考えを吹き飛ばそうとした。

そんなことはない、あのときのダルシャの目には偽りはなかったじゃないか。死ぬ間際にそんなうそを言ったって仕方ないし…コウザだって…。

でも…あのガジョでさえ、あっという間にやられたんだぞ…。

ダルシャやコウザは「赤い魔獣」がここにいることを、知らないんじゃないか?

「赤い魔獣」は、最近ここに住み着いたんじゃないのか?

きっと、そうだ。

いやいや、違う。知っていたはずだ。

彼らがこんな大事なことを、知らないはずはない。

行けば、わかる。そう言っていたじゃないか。

そう、そして行ったら、「赤い魔獣」がいた…そういうことだ。

じゃあどうする？

戻るか？

コウザのところに戻って「どうしましょう？」って聞くか？　いや、それは違う気がする。

じゃあ、どうする？

進むか？

またあそこへ行くか？

いやいや、やっぱり避けて行くべきだろう。

殺されてしまう。

じゃあ、どの道で行く？

道なんてないぞ。

心の中でグルグル同じ考えが回り続けていた。そしてふと気づくと、見上げたベレン山全体があの「赤い魔獣」の威圧感で覆われ、どす黒く、重く、不気味に沈んで僕を包み込んでいた。

はぁ〜っ。

どうしよう…。

ダルシャやコウザはベレン山に行けと言う。しかしそこには「赤い魔獣」がいる。行けば確実に殺される。

マシューに「殺されてもいい」なんて言ったけど、やっぱりその場になったら殺されるのは恐い。かと言って、戻ってマシューたちと同じような野犬になりたくはないし…ましてやご主人さまのところに戻るなんてありえない…。

僕の心は右へ左へ、上へ下へ、グルグルグルグルと回り続けていた。当然ベレン山にも登れなかった。何より、あの重苦しい威圧感が怖くて山に近づけなかった。目をつぶって魂の声を聴こうとしても、

怖いよう！

死にたくない！

というエゴの声が大きすぎて、その奥から聞こえる魂の声がちっとも聴こえなかった。

そんなことをしているうちに、僕はベレン山のふもとを五日間もグルグルとさまよっていた。

五日目の夜、僕は疲労困憊して眠りについた。特に激しく動いていないのに、すごく疲れていた。しばらくウトウトしていると、突然、声が聞こえた。

「よう、ジョン」

驚いて周囲を見渡すと、誰もいない。でも、声は聞こえる。

「お前さん、どうしたいんだい？」

聞き覚えのある声だ。

「あっ、ダルシャ！　ダルシャなのか？」

僕は飛び起きた。

その温かみのある声は、ダルシャの声だった。

「なぜベレン山に行かないんだ、ジョン」

「あそこには『赤い魔獣』がいるんだ。行ったら殺される。どうしていいか、わからないんだ…」

「ほう、そうか、『赤い魔獣』か…。そいつは大変だな」

他人事のように答えたダルシャの声を聞いて、僕はカッとなった。

「何言ってんだよ！　ガジョやマフィーたちはお前の話でここに来てヤツに襲われたんだぞ。知ってたんだろう！　ガジョは死んだんだぞ！」

ダルシャの声はゆっくりと答えた。

「それは、あいつらが選択したことだ」

「選択～？」

僕は語尾を上げて、挑むように聞き返した。

「選択も何も…あの『赤い魔獣』だぞ、相手は！」

ダルシャの声はそれに答えずに、ゆっくりと静かに言った。

「ジョン、いいことを教えてやろう。これをやるかやらないかはお前さんの自由だ」

「なんだよ」

「お前さんはいま、〝恐怖〟と〝不安〟に囚われている」

うん、確かにそうだ。ダルシャの言う通りだ。

「いまのその状態がお前さんが感じていたい〝ほんとうの自分〟だと感じたなら、そのままそれを抱えて生きろ。それがお前さんのほんとうになる」

「僕の…ほんとう…？」

「しかし、それが…それを感じながら生きている自分自身が〝ほんとうの自分じゃない〟

と感じたのなら、その〝ほんとうじゃない自分〟と向き合うんだ。逃げてはいけない」

「向き合う…？」

「そうだ、**逃げれば逃げるほど〝恐怖〟と〝不安〟は追ってくる。いずれ、それに捕まって、そのほんとうじゃない自分が、ほんとうの自分に入れ替わってしまうんだ**」

「……」

「ジョン、勇気を出せ。自分と向き合い、自分を見つめろ。そして見抜くんだ。ほんとうじゃない自分と対決するんだ。道はそれしかない。自分を知ることができた者だけが、次の道へと進むことができる」

そう言うと、ダルシャの声は闇の中に消えていった。

僕はもっとダルシャの声と話がしたくて聞き耳を立てたけれど、もう何も聞こえなかった。


翌朝、目を覚まして昨晩のことを思い出した。

あれは夢だったんだろうか？

自分と向き合い、自分を見つめ、自分を見抜く…。

自分の恐怖や不安と向き合って、対決する…。

ほんとうじゃない自分と向き合って、対決する…。

自分を知ることができた者だけが、次の道へと進むことができる…。

何回も何回も、心の中でつぶやき続けた。

そして、目を開けた。

「行くしか、ない」

僕は、光輝く朝日の中を、覚悟を胸に、巨大な楠に向かって歩きはじめた。

8

半日ほども歩いただろうか、目の前に例の巨大な楠が見えてきた。巨大な幹から異様な形のこぶのような根っこが広がり、そこからまるでそれぞれが意志を持っているかのような枝が、放射状に広がっていた。その枝から小枝が湧き出るように生え、そこからも無数の葉が吹き出していた。そして、その幹の中心部分から、あのなんとも言えない重苦しい威圧感が放射されていた。

あそこに…いる。

その気配はまぎれもなく〝恐怖〟の源である「赤い魔獣」の気配そのものだった。

僕はいつものように風下に回って近づこうと考えたけれど、ふと思い直した。

やめよう。同じだ。

どんな小細工をしても、ヤツには通用しない。

それなら正面から行こう。

これは僕の恐怖と不安、ほんとうじゃない自分との対決なんだから。

しばらく歩くと、巨大な楠まで数百メートルの距離までやってきた。

その場所からは楠全体が見え、その巨大な幹の真ん中にこれまた巨大な動物の影が見えた。

やっぱり、いた……。

ここからでも見えるくらいだから、相当な大きさだ。

心の中に〝恐怖〟が吹き荒れはじめた。

先輩の犬たちから聞いた凄惨（せいさん）な伝説、ガジョやその仲間たちの悲惨な最期……。

でも、ここで逃げるわけにはいかない。もう、逃げ回るのはやめだ。そんな生き方はしたくない。それは僕のほんとうじゃない。

僕は少しずつ楠に近づいていった。巨大な影がどんどんはっきり見えてくる。やはり、巨大な熊が座っていた。なんとその大熊は、座っていてもいままで見た中で一番大きなヒグマの立ち姿よりも大きかった。立ち上がれば十二、三メートルはあるかもしれなかった。その赤黒い剛毛はうわさでは人間の弾丸も跳ね返し、大木のような太い腕と鋭い黒爪の一掻（か）きで、馬が人間ごと真っ二つになったそうだ。

頭のスクリーンに凄惨な光景が浮かび上がると、恐ろしさのあまり足がガクガクと震えはじめて、立ち止まってしまった。

無理だ、無理だ、殺される！

恐怖が、叫び出す。

逃げろ、逃げろ、逃げるんだ！

生きていてこそ、次があるんだから。

いまからでも遅くない、ここから離脱するんだ！

走れ！

逃げろ！

今度はその声を押さえつけるように、自分に言い聞かす。

逃げるな！

逃げるんじゃない！

それじゃ、この前と同じじゃないか！
違うだろ、対決するんだ。
恐怖と向き合い、対決するんだ！
ほんとうじゃない自分と、決着をつけるんだ！
逃げるな！
進め！
前に出ろ！

また、恐怖が叫び出す。
何言ってんだ！
逃げろ、逃げろ、逃げるんだ！

逃げるな！
進め！
前に出ろ！

僕は、目をつぶって心の中に念じると、恐怖を勇気で無理矢理に押さえつけ、一歩一歩、また歩きはじめた。

いよいよあと五十メートルまで近づいてきた。もう、大熊の顔もはっきりと見える。大熊は以前と同じく目をつぶっていた。

気づいているに違いない。もう、とにかく行くしかない！

ガクガクと震える足を引きずりながらも、勇気をふりしぼって一歩、また一歩と踏み出した。少しずつ、しかし確実に僕は大熊に近づいていった。

三十メートル、二十メートル、十メートル、五メートル…もう大熊は目と鼻の先だ。

大熊の発する威圧感は、この場所だけ重力を何十倍にもしているようだった。


三メートル…。

大熊はまだ目をつぶっている。

僕の視線は大熊の顔に釘付け（くぎづ）になっていた。大熊がいつ目を開けるか、不安でいっぱいだった。

しばらく、そう、数分ほどもそうやっていただろうか。でも、大熊はまったく動かなかった。

ここから、どうしよう？

ここまで来たのはいいけれど、この先どうするのかはまったく考えていなかった。頭の中は真っ白だった。

そうしてまたしばらくそこに立っていただろうか、だんだんとその重苦しい空気にも慣れてきた。大熊の発する威圧感も最初ほどは感じなくなって、呼吸もやや普通にできるようになってきた。酸素が供給されて、それにともなって頭も動きはじめた。

話しかけてみよう…でも、起こして襲われても…。

いや…ほんとうに寝ているんだろうか？

もし起きているんだとしたら、なんのつもりだろう？

よし、「赤い魔獣」が目を開けるまでここで待ってみよう。

僕は、辛抱強く大熊の前に立つことに決めた。

大熊は目を閉じたまま、微動だにしない。

大熊の発する呼吸の音だけが、周囲を圧していた。

僕にとっては永遠に近い時間が流れた気がしたそのとき、なんの予兆もなく、突然大熊が目を開けた。

あの、黒い穴が、僕を見つめた。

うわ～っ。

踏ん張れ！

僕は頭から穴に吸い込まれそうになりながらも、爪にぎゅっと力を入れて踏ん張った。

大熊は黒い穴で僕をじっと見つめていたが、しばらくすると、地の底から響いてくるような低い声で僕に話しかけた。

「お前…」

きっと、悪魔とか大魔王とかがいたらこんな声なんだろう、と思わせるような声だった。

その表情には、まったく感情がなかった。

「お前…いつまでそうしているつもりだ。何か用か？」

僕は何か答えようとしたけれど、口がパクパクとむなしく動くだけで、声がまったく出なかった。

「……」

大熊はまた無言になり、黒い穴で僕を吸い込み続けた。

落ち着け、落ち着け…。

僕は大きく深呼吸して、新鮮な空気を肺と脳に深く流し込んだ。恐怖で酸欠になっていた頭と細胞に酸素が供給され、ようやく少し落ち着きを取り戻した。

「…ハ…ハイランドに…行きたいんだ…」

声をふりしぼって、やっとそれだけ言葉が出た。

声を少し出すことができてちょっと楽になったので、僕は続けた。

「…ハ…ハイランドへの道を…お…教えていただきたいのですが…」

大熊は、しげしげと僕を見つめて言った。

「なぜ、ハイランドに行くのだ？」

その低く響く声は、地獄の裁判官のようだった。

僕は勇気をふりしぼった。

「ぼ…僕には責任がある。だから…だから僕は絶対に、絶対にハイランドへ行かなくちゃいけないんだ」

すっと大熊の表情が変わり、黒い穴の奥がキラリと輝いた。

「お前の言う『責任』とは、いかなる責任か？」

僕はまたも、勇気をふりしぼって答えた。

「僕にこのことを伝えてくれたダルシャに対する責任、自らの魂の声に従って闘い、その結果、僕が殺してしまったガルドスに対する責任、そして何より僕自身の魂の声、ほんとうの自分に対する責任だ」

「私が誰だか、知っているか？」

「知っているとも。『赤い魔獣』だろう」

大熊は、フンと不服そうに鼻を鳴らすと言った。

「私の名は、ゾバック」

ゾバックはゆっくりと立ち上がった。立ち上がるとその大きさはあまりにも巨大だった。下から見上げると、ゾバックの顔が見えない。

ゾバックは、はるか頭上から言った。

「お前、名はなんと言う？」

「ぼ…僕はジョン」

「ジョン、私についてきなさい」

そして、のっしのっしと歩きはじめた。

僕は覚悟を決め、ゾバックの後ろについて歩きはじめた。

9

ゾバックは振り返りもせず、ベレン山を登りはじめた。この獣道はおそらくゾバックしか通らないんだろう。他の獣たちの気配や痕跡(こんせき)が一切なかった。それはベレン山の王の道だった。

深く生い茂った木々の間を抜け、しばらく登っていくと、周囲の風景が一望できる素晴らしく景色の良い丘に出た。

遠くにうっすら見えるのは北の谷だ。だんだんと日が暮れてきてそれ以上遠くは見えなかったけれど、天気の良いときは僕が住んでいた森も見えそうだった。

ふと気づくと、その丘のちょうど真ん中にさっきの楠ほどではないものの、大きな楠が一本立っていた。その枝の下に落ち葉と枯れ枝が心地よさそうに敷き詰められていた。ゾバックは楠が好きらしい。

ゾバックは楠の下に行くと、ゆったりと振り返り、静かに座った。

「座れ」

僕は、言われた通りに落ち葉と枯れ枝の上に座った。落ち葉と枯れ枝のクッションはとても心地よい固さに敷き詰められていた。

ゾバックはしばらく黙っていたが、僕の目を覗き込むように聞いた。

「お前にとって、一番大切なものはなんだ？」

予想外の質問に戸惑ったけれど、気を取り直した。

これは、大事なことを聞かれている。

一番大切なもの…。

一番大切なもの…。

僕は心に問いかけ、そして浮かんできた感覚を言葉に変えて口に出した。

「いま、僕にとって一番大切なもの、それは『ほんとうの自分』と『ほんとうの自由』だ。僕はそれを探して旅をしているんだ」

ゾバックはそれを聞いて、初めて表情を緩めた。

「なるほど、私に再び会いに来ただけのことはある」

そして、ひと呼吸置いてから話を続けた。

「いかにも私は過去、『赤い魔獣』と呼ばれていた。しかし、私は自らそれを名乗ったことは一度もない。皆が勝手にそう呼んでいただけだ」

ゾバックは少し不服そうに笑うと、僕の目をじっくりと見つめながら、ゆっくりと話した。

「私に出会った多くの者が取る道は二つ。〝恐怖〟に駆られて私に挑んでくるか、〝恐怖〟に駆られて逃げ出すか、このどちらかだ。つまり、闘うか、逃げるか、だ」

「闘うか…逃げるか…」

「私は挑んでくる者に手加減はしない。それがいかに恐怖に駆られている者であっても、だ。それが相手に対する私の礼儀なのだ。そして強い者が勝つ。勝負とはそういうものだ」

そう言うと、口をへの字に結び、鼻から息をふぅ〜と吹き出した。

「そして逃げる者は、追わない。もう勝負はついている」

そうか、ゾバックは〝恐怖〟の「赤い魔獣」ではなく、孤高の〝闘士〟なんだ。

ゾバックは語りはじめた。ゾバックの目は生き生きと輝き、強さと自信と威厳に満ちていた。先ほどのまったく感情を感じさせなかった黒い穴のような目とは大違いだった。

ゾバックは、僕の気持ちを敏感に察したのだろうか、こう言った。

「相手の意図がわかるまでは、私は〝無〟になるのだ」

「無…ですか…」

「そうだ〝無〟…。これが闘いにおける最強の境地だ。相手の意図を察知した瞬間、最も速く、最も適切な反応が生まれる。そこに思考はない。感情もない。闘いにおいて、思考と感情は邪魔になるだけなのだ。そして、お前が見たものは、私の〝無〟だ」

僕はゾバックの言っていることが、頭ではなんとなくわかったけれど、感覚的にはまだ理解できなかった。

「理解できなくても当然だ。私もそこに到達するには、かなりの時間をかけ犠牲を払ったのだから。私が〝無〟であるからこそ、私と対面した者はいやおうなしに、『自分自身』と向き合うことになるのだ」

「自分自身？」

「そうだ、自分自身だ。私は〝無〟であるがゆえに〝鏡〟なのだ。したがって、私と相対した者は、自分自身と向き合うことになる」

僕は、ゾバックと相対したときに感じた強烈な威圧感や圧力、そして何よりあのなんとも言えぬ恐怖を思い出した。

「そうだ。お前が感じた恐怖は、お前自身なのだ。お前の内面が鏡となって現れたのだ」

「内面？　鏡？」

「そうだ。お前が感じた恐怖は、お前自身が創り出したものなのだ」

「僕自身が、創り出した…？」

あの恐怖を僕自身が創り出したというのか？

そんなことはない。あれはまさしく恐怖そのものだったんだから。

「お前は〝そんなことはない。あれは自分が創ったのではない〟と思っているだろう」

心の中を見透かされた僕は、小さくこっくりとうなずいた。

「いいか、あのとき、私が何をしたか、思い出してみるのだ」

僕は、ゾバックと初めて会ったときのことを細かく思い出した。ゾバックは、あの大きな楠の根元に座っていた。僕は木の幹を回り込んでいったが、ゾバックは目を閉じていた。ゾバックが目を開け、視線が合った瞬間、僕は恐怖に駆られて走り出した。

そう…ゾバックは何もせず、僕を見ていただけだった。

「……」

「そうだ。私は何もしていない。目を開けて、お前を見た。ただ、それだけだ。しかし、お前は走り出したのだ」

確かにそうだった。ゾバックは何もしていない。なのに、僕は勝手に恐怖を感じて逃げ出したんだ。

なぜだろう？

ゾバックは僕を攻撃するそぶりも見せなかった。なのに、なぜ、恐怖を感じたんだろう？

「先ほども言ったように…私は〝無〟であるがゆえに〝鏡〟なのだ」

「〝無〟であり〝鏡〟…」

「そうだ。お前の心の中に埋まっている恐怖が現れたのだ。あのとき、お前の頭の中でどんな言葉が走っていたか？　お前の頭の中にどんな映像が流れていたか？」

あのときの僕は…、
殺される。

死にたくない。

逃げろ！

という言葉に頭の中を占領されてしまっていた。

そして、伝え聞いた凄惨な映像が、はっきりと脳裏に映し出されていた。

「それらは全て、お前が自分の頭の中で創り出した〝恐怖〟という幻想なのだ」

「恐怖…という幻想？」

「私は映し鏡でしかない。お前は、自分自身が創り出した〝恐怖〟に恐怖して走り去ったということだ」

「自分自身の恐怖に恐怖した…」

「お前が最初に私に会いにきたのは、何日前だ？」

「五日前です」

「そうか五日間か…。その五日間、お前は何をしていた？」

僕はゾバックに出会ってから五日間、恐怖におびえてベレン山付近をうろついていた自分を思い出した。

「何も…何もしていない。ただ、おびえて歩き回っていた…」

「そうか、五日間、お前は自分の創り出した〝恐怖という幻想〟に支配され、〝恐怖という幻想〟によって無意味に動かされていたということだ」

「僕は…〝恐怖という幻想〟に支配されていた…」

「そうだ。その五日間、お前の魂の声は聴こえたか？」

「いいや…まったく…」

「一つ、いいことを教えてやろう。魂の声…この声を聴こえなくするものがいくつかある。その一つが〝恐怖〟だ」

「恐怖…」

「そうだ。お前の魂の声は見事に恐怖によってかき消されたということなのだ」

「恐怖が魂の声をかき消す…」

「自らの心の中にある恐怖が魂の声をかき消し、お前を支配し、おびえさせ、何もさせなかったのだ。いいか、恐怖を感じながら、恐怖とともに恐怖に支配され生きるということは、奴隷として生きることと、同じことなのだ」

僕はマフィーたちのことを思い出した。恐怖に囚われて、進むことも戻ることもできずにベレン山の周辺で野犬になって生きる、四匹の犬たちのことを。

恐怖の奴隷…。

僕もこの数日間、そうなっていたんだ!

「恐怖は奴隷の牢獄だ。自らの恐怖に囚われ一生を送るものもたくさんいる。いや、そういう者のほうがはるかに多い。人間に飼われている連中など、皆、恐怖という牢獄に自ら入っている奴隷だ。自ら進んで奴隷になる者の、なんと多いことか。そこには良き奴隷と悪しき奴隷しかいない。どの道奴隷なのだ」

僕は、ハリーを思い出した。

外の世界は弱肉強食。だから外では生きてはいけない。ご主人さまという囲いの中で、安全に生きていくしかないんだ…。眠っていたほうが幸せなんだ…。無知は幸福、恐怖の牢獄…奴隷の一生…。

「〝恐怖〟など存在しない」

「恐怖など存在しない…？」

「恐怖と危険は違う」

「どういうことですか？」

「〝危険〟は『いま、ここ』で対処すればいいものだ。その〝危険〟を恐れ、未来を憂い、未来を不安視して心の中に創り出す影、それが〝恐怖〟だ。したがって、〝恐怖〟というものは実在しない。幻想だ。目の前には危険しかない。恐怖などないのだ」

「恐怖は、幻想…」

「そうだ。大勢の者たちは〝危険〟でなく、自らが創り出した〝恐怖〟という影によって未来におびえながら生きている。恐怖は自分の思考が創り出した幻想だとも気づかずに。**恐怖の中で生きるということは、幻想の中で生きることと同じ意味なのだ。この幻想に気づくこと、幻想を見抜くこと、それがほんとうの自分への、ほんとうの自由への第一歩なのだ**」

「ほんとうの自由…」

そこまで言うと、ゾバックは僕の目をじっと見た。

「お前はなぜ、戻ってきた？　なぜ、もう一度私のところに戻ってきたのだ？」

「五日目の晩、どこからともなく、ダルシャの声が聞こえたんです。自分の〝恐怖〟や〝不安〟、ほんとうじゃない自分と向き合って、そして対決し、見抜けと」

「そうだ。恐怖はほんとうのお前ではない。何度も言うが、幻想だ。そして〝恐怖〟や〝不安〟という幻想と対決し、それに勝利する力、それがなんだか知っているか？」

「……」

僕が黙っていると、ゾバックはゆっくりと、しかし確信に満ちた声で言った。

「それは〝勇気〟だ」

「勇気…」

「そう。〝勇気〟。そして勇気を持った者を〝勇者〟と言う」

そして、ニヤリと笑った。

「そうかダルシャの声か…なるほど。やつの言いそうなセリフだ。お前はダルシャの声を聞き、〝恐怖〟と〝不安〟を、ほんとうじゃない自分自身を〝勇気〟で乗り越えたのだ」

「ダルシャを知っているんですか？」

「知っているとも。古くからの知り合いだ。しかし、お前が聞いた声はダルシャの声ではない。お前自身の魂の声だ」

魂の声…あれは、そうだったんだろうか？

ゾバックは聞いた。

「…ダルシャは…死んだのか？」

「なぜ、わかるんですか？」

「その声の主がほんとうにダルシャであれば、お前と一緒に私のところに来るだろう。ダルシャは余計な手出しはしないが、いつも横に寄り添う。そういうやつだ。いま、ダルシャがここにいないということは、あいつに何かがあったということだ」

僕はゾバックに、ダルシャの最期を話した。

「そうか…あいつも向こうの世界に行ったか…。まあ、悔いのない一生だっただろう。いずれは全ての存在が、誰ひとり例外なく向こうの世界に行くときが来る。この世界の存在は、全て生まれ、変化し、そして消滅していく。私も、お前もな、ジョン」

ゾバックはそう言って、いまではもうとっぷりと日が暮れ、満天の星が輝いている夜空の遠くを見つめた。

きらめく星たちがいまにも落ちてきそうだ。まるで僕たちの話を聞いていたかのように、流れ星が一つ、夜空をすうっと流れていった。

しばらく黙っていたゾバックは、おもむろに僕を見て楽しそうに言った。

「お前は特別だ。私の話を聞かせてあげよう。これは誰にも話したことはない。無論、ダルシャにも、だ」

ゾバックは遠くを見つめ、語りはじめた。

「私は、ここよりはるか北の凍てつく大地にある、黒い森で生まれた。私が物心ついた頃、父も母も死んだ。闘いに敗れ、私の目の前で殺された。闘いに敗れたものは生き残れない。黒い森では自分や家族を守るために闘うか、闘わずに他者に隷属し、奴隷となって生きるのか、その二つの生き方しか存在しなかった。私の両親は奴隷になることを拒否し、闘って死んだ。運よく生き残った私は、必然的に強くならねばならなかった」

ゾバックは懐かしそうに目を細めた。

「私は生き残るために勝つ術を身につけた。そして、勝つためにはなんでもやった。そうしなければ生きられないからだ」

そこまで言うと、視線を遠くに投げかけた。夜空には星たちが相変わらずきらめいていた。

「そして、いつの間にか、私は黒い森で最強になっていた。私に逆らう者は誰もいなくなっていた。しかし、私はそれでも安心できなかった。なぜならば、いつ私よりも強い相手が出てきて私を打ち負かし、私のいのちを奪っていくかもしれない、と思っていたからだ」

そう言うと、今度は僕の目をじっと見た。

「そう、その頃の私は、いつも私自身の恐怖によって支配され、恐怖によって闘っていたのだよ」

ゾバックは、少し自嘲気味にニヤリと笑った。

「私はいつも自分が闘いに敗れ、相手にいのちを奪われる場面を想像した。そして、それが現実にならないように必死で生きていたのだ」

ゾバックは少し悲しそうな目をして、夜空を見上げた。

「私は周辺の森や平原、あるいは湖や山々に住んでいる強者たちとの闘いを求めた。全ての強者を倒し尽くせば、恐怖におののく私の心に平安が訪れると考えたのだ」

「全てを倒し尽くす…そんなこと…」

「ふふふ、そして私は近隣の全ての強き者たちを倒し、そう、極北の大地から黒い森、オライオンの草原やアマナ平原、そしてここベレン山はもとより、北の谷を含む全ての存在の頂点に立っていた。いまから十年以上前のことだ。もちろん、人間たちも私を倒そうとしたが、私の相手ではなかった。なぜなら、私は私自身の恐怖以外に恐れるものはなかったからだ。闘いにおいては恐怖を感じずに〝無〟になれる者が最強なのだ」

「北の谷には、コウザはいなかったのですか？」

「コウザ…。コウザは無益な闘いをしない。当時の私はコウザのことを臆病者呼ばわりしたが、そうではなく、私が未熟だったといまは知っている。私は北の谷を越えて西の森に向かった。当時、西の森には私と双璧と言われていた大熊『ベルゲン』が存在した。私はベルゲンを討ち取るべく、西の森に行ったのだ」

西の森…僕の時代には西の森は巨大な白馬『白帝』が治めていた場所だ。

「しかし、私が西の森に到着する直前、ベルゲンが討ち取られた、と伝え聞いた。正確には討ち取られたのではなく、闘いを放棄したということだったようだが…」

そこまで話すと、ゾバックは視線を夜空から僕に合わせた。

「それではベルゲンを倒した者はいったい何者か？　あのベルゲン、私にとって最後の強敵と言われていたあの大熊に闘いを放棄させたほどの強者とは、いったい何者なのか？　私は恐怖した。ベルゲンを倒した者こそ、最後の強敵に違いない。果たして私は勝てるのだろうか？　しかし、だからこそ私は自分の恐怖に打ち勝たねばならなかった。この強者に勝つことによって、真の安心を手に入れなければならなかったのだ。私は西の森に入った」

そこまで聞いていた僕は、思わずゴクリとつばを飲み込んだ。

「私の恐怖による闘気がよほど強かったのだろう。西の森に入ると、すぐに小さな動物たちが私の気配を感じて騒ぎ、逃げ出しはじめた。私はそんなことはおかまいなしだった。逆に私の存在を皆に知らせたほうが、これからの展開が早いと考えていた」

確かにそうだ…僕はゾバックと出会ったときのことを思い起こした。

「しばらく歩くと私の視界に私と同じくらいの大きさの黒い大熊が現れた。ベルゲンだった」

僕は想像した。静かな緑の溢れる森の中で向かい合う、二頭の巨大な熊…。

「私はベルゲンに聞いた。

〝お前は闘いに敗れたのか？〟

すると、ベルゲンは、

〝そうだ〟

と言う。そして、

〝ついてこい〟

と言った。私はさらに聞いた。

〝私が何をしにきたか、わかるだろうな〟

と。

ベルゲンは、

〝わかっている。来ればわかる〟

と答えた。

しばらく歩くと、私の前に、白銀に輝く馬が現れたのだ」

ゾバックは視線を夜空に向けたまま、目を細めた。

白帝？

いや、十年前だとすると、その父親かもしれない。もしくは祖父か？

「私は、この私とほぼ同じほどの大きさと攻撃力を持つ大熊が、この白馬に敗れるとは到底思えなかった。しかし、私はこの白く輝く白馬と目を合わせたとき、全てをさとった、いや、知ったのだ」

ゾバックは視線を落とし、落ち葉と枯れ枝を敷き詰めた床をじっと見つめた。近くで虫たちがりーりーと気持ちよさそうに鳴いている。ゾバックが黙ると虫たちの鳴き声がいっそう大きくなるような気がした。しばらくの沈黙の後、ゾバックは静かに言った。

「私は、敗れた」

「敗れた…負けたのですか？」

「ふふふ。そうだ。私は、生涯、初めて、敗北した」

しかし言葉とは裏腹に、ゾバックの表情は安らぎと優しさに満ちていた。

「そうして、やっと…やっと…私は〝恐怖〟から解放されたのだ」

そうか…。

だから、「赤い魔獣」は消えたんだ。

「赤い魔獣」が突然消えてしまったことは、猟犬たちの間でも七不思議の一つになっていた。

ゾバックは自らの恐怖から解放され、闘う理由がなくなったのだ。だから「赤い魔獣」も消えたんだ。

ゾバックは、僕を慈しむように見た。

「目の前に展開する状況で不安や恐怖を感じたとき、思い出すがよい。それは現実ではなく、己の心が創り出した幻想だということを。そして、ほんとうの自由を得たいのであれば、幻想を見抜くことだ。決して幻想に捕まり、幻想の奴隷になってはならない」

「はい」

「〝恐怖〟や〝不安〟と対決し、乗り越える力は〝勇気〟だけではない。もう一つ、大きな力がある」

「もう一つの力？」

「そうだ。もう一つの力、それはとてつもなく大きな力だ。いま、私がお前にこれを話してもかまわないが、私の魂の声は〝まだ早い〟と言っている。物事には順番がある。だからやめておこう。いずれ、お前にもわかるときが来るだろう」

「……」

「私の話を聞いて〝知識〟として理解しても、意味はないのだ。〝身体〟と〝エゴ〟と〝魂〟の三つで理解することが大切なのだ。それには相応の〝体験〟が必要だ。お前にはまだその〝体験〟がない。我々は体験を通り抜けることで理解する存在なのだ。ゆえに、私からここで聞いたことは知識となってしまう。知識は必要ない。知識は無駄だ。知識など体験の邪魔以外の何ものでもない」

「……」

「お前が魂の声によって導かれ、ハイランドへ向かうのであれば、いずれはそれ相応の体験をすることになるだろう。物事には順序というものがある。それは自然にやってくる。その流れを受け入れ、流れに身を任せるがよい」

「はい」

「だがこの言葉もまた知識でしかない。余計なことは考えるな、そして忘れろ。いま、目の前のことに意識を集中しろ。私がお前に伝えられることはそういうことでしかない。そしてそれはもう伝えた。お前は次の道へ進むだろう」

次の道…。

「アマナ平原に行け。そこにチカルという街がある。そこに行けばわかる」

「アマナ平原のチカル…ですね」

「お前自身の魂の声を信頼することだ」

「はい」

「ジョンよ。腹が減っただろう。お前の後ろの木の穴にイモや木の実が入っている。好きなだけ食べるがいい。私もいただこう。今日は私も気分がいい」

ゾバックは立ち上がり、ジョンの後ろにある木の穴に歩いていってイモや木の実をドサッと広げた。

「ありがとうございます」

その晩、ゾバックからたくさんの冒険談を聞いた。それはとても奇想天外で、実に面白く、忘れられない夜になった。

第４章　アマナ平原――エゴの牢獄

翌朝、僕はアマナ平原へ向かった。
アマナ平原は、ベレン山から東へ二十日ほど歩いたところにある、とても広い平原とのことだった。アマナ平原へ行く途中、何本もの分かれ道があるけれど、いまの季節であれば、太陽の昇る方角を目指して歩いていけば、間違いなくチカルにたどり着くことができるらしい。
僕は途中でいったん引き返して、マフィーたちにゾバックの話をしようと思ったけれど、やっぱりやめた。先に行った僕が戻って説明するのは、なんか違う気がした。彼らが自分の魂の声が聴こえるようになって恐怖に打ち勝ち、先へ進むことを信じることにしよう。

ベレン山から歩いて十二日目の夕方、雲行きが怪しくなってきたので空を見上げると、太陽が灰色の雲に覆われはじめ、大気が湿っぽくなってきた。

これは、雨になる。

急いで雨宿りできる場所を探そう。

キョロキョロしているうちに、ポツリ、ポツリと大粒の雨が落ちてきた。

あ、降ってきた。早く探さなきゃ。

急いで走り出すと、前方に人間の住んでいたと思われる大きな廃屋が見えてきた。

おお、ちょうどいいところに…よし、今日はここに泊まろう！

僕は用心深く廃屋に近づいていった。すでにここを住処にしている先住の動物たちや、雨宿りの先客たちがいるかもしれなかったから。

しかし、それにしても大きなお屋敷だな～。ご主人さまのお屋敷よりも大きいぞ。

注意深く廃屋に近づくと、表の入り口でなく、裏の入り口に回った。

用心、用心…っと。

ここは人間たちが住まなくなってから、ずいぶん時間がたっているようだ。屋敷は所々に動物が出入りしていると思われる穴が開いていた。僕はその穴からではなく、人間たちが使っていたと思われる入り口から屋敷の中に入った。

目前に広い廊下がまっすぐに延び、その両側に小さな部屋がいくつも連なっていた。

これはいいや。他の動物たちと出くわさなくてもよさそうだ。他の動物たちと出くわして、もめ事になったりするのは面倒だからね。

小部屋をいくつか見回った後、誰もいないやや大きめの部屋を一つ見つけた。部屋は人間たちが食堂にでも使っていたのか、ホコリとクモの巣だらけのテーブルや椅子が乱雑に散らばっていた。幸い、その部屋には他の動物の気配はなかった。

よし、お腹が減っているけど、今晩はここで寝るとしよう。

僕は部屋の隅にあるホコリだらけで古くなった布の上に丸くなり、眠りについた。

ドド～ンッ!!

夜中、雷の落ちる大きな音で目が覚めた。

ざあざあと雨粒がたたきつける音も響いている。

ピカッと光ったとき、部屋の入り口付近に動物の影が映った。

誰か来た!

僕は目を開け、警戒モードに移行した。

ピカピカッと光るたびに、その影が大きく躍っている。

敵か？　味方か？

それとも、ただの雨宿りか？

その影は、ゆらゆらと光に揺れていたが、しばらくしてばったりと倒れた。

倒れたぞ。

あの倒れ方はただ事じゃないな…。

どうする？　行ってみるか？

しばらく迷ったけれど、僕の魂の声は「行けよ」と言っている気がした。慎重に部屋の入り口付近に向かうと、確かにそこに動物が倒れていた。

あまり大きくない…僕と同じくらいだろうか…。

また稲光がピカッと光った。そのとき、稲光の中に倒れた姿がくっきりと浮かび上がった。

犬だ。

僕と同じ、犬だ…。

稲妻の光に映し出された動物は、僕と同じくらいの大きさのやせこけた犬で、雨でびしょびしょになって倒れていた。

僕はピカピカと光る稲光に映し出される犬の姿を見つめた。暗がりに横たわる犬の背中を見ていると、脳裏を古い記憶がかすめた。

ん……？　どこかで……？

僕は、必死に記憶の糸をたどった。

どこで、どこで見たんだ？

すると、過去の記憶と、目の前に倒れている犬が唐突につながった。

そう、一年前ダルシャと会い、魂の声を聴いたガジョ。あの、完璧なリーダー、ガジョ。マフィーたちとともに赤鞍のところを脱出し、ベレン山にたどり着いたガジョ。しかし、そこで運悪くもゾバックとの闘いになり、仲間と一緒にいのちを落としたガジョ！

「ガジョ‼　ガジョじゃないか⁉」

ガジョ、死んだはずでは⁉

もう一度、ガジョらしき犬を見た。

間違いない、ガジョだ。ガジョは生きていたんだ！

倒れていた犬は僕の声が聞こえたのか、ゆっくり顔を上げた。

「誰だ……」

と、ぼんやり僕を見つめた。

僕はあまりに変わり果てたガジョの姿に驚いた。あの精悍だったガジョ。赤鞍のリーダーとして名を轟かせていたガジョ。強靭な身体、凛々しい瞳、切れる頭脳、仲間の信頼と尊敬を一身に集め、熱い思いを、いつもたぎらせていたガジョ。

　しかし目の前にいるガジョはガリガリにやせこけ、毛は艶を失って抜け、地肌も所々見えていた。そして、何よりも変わったのは、全てをあきらめてしまったような暗くよどんだ瞳だった。

　無気力な光のない目で僕を見つめていたその犬は、消え入りそうな声で言った。

「お前は誰だ？　…なぜ、私の名を知っている？」

　しかしその犬はすぐ、吐き捨てるように言った。

「ガジョ…もう、その名前は捨てた。その名を持つ犬は死んだ。私に名前など、ない」

　その犬は気だるそうにそう言って、怪訝（けげん）そうな目つきで僕をもう一度見た。そして力のないよどんだ目でしばらく僕をじっと見つめ、思い出したように言った。

「ほう…。鷹の羽のところのジョンだな」

「そうだよ、ジョンだよ。覚えていてくれたかい？」

　ガジョはそれに答えずに、ふてくされたように言った。

「ふん…。放っておいてくれ」

　目を閉じて、うずくまってしまった。

「ガジョ、生きていたのか…まさか、生きているとは…」

「そう、私はまだ生きている。生きて、生き恥をさらしている。そうさ、私など、死んだほうがいいのだ。私に生きている資格などない。放っておいてくれ。そして、このまま死なせてくれ」

「そういうわけにはいかないよ」

「なぜだ？　私に関わるな」

「ここで会ったのも、何かの縁だからさ」

「そんなものは関係ない。では、向こうに行って会わなかったことにしてくれ、忘れてくれ」

「そんなこと、できないよ」

「ふん…」

ガジョはそのまま、何も言わなくなった。

いやあ、ガジョが生きていて良かった…でも、これからどうしよう？

ま、とりあえず、朝を待つとしよう…。

僕はガジョの隣に丸くなり、眠りについた。

朝日が昇る頃には雨も上がり、草木についた雨露の一つ一つが、虹の宝石のようにキラキラと輝きを放っていた。それはまるで宝石のじゅうたんだった。

なんてきれいなんだろう！

僕がうっとりとその美しい眺めを窓から見ていると、ガジョがのそのそと身体を起こした。

「ガジョ、よく眠れたかい？　昨日は雨で濡れて大変だったね。少しは元気になったかい？」

ガジョは迷惑そうに目を細め、そっぽを向いた。

「ガジョ、もしよかったら話してくれないか？　いったい何があったんだ？」

「私に関わるなと言っただろう」

「残念だね。もう関わっているよ」

「放っておいてくれ。私は話したくない。誰とも話したくない」

僕は言った。

「マフィーに会ったぞ」

ガジョはガバッと立ち上がって、早口で聞き返した。

「マフィーは、マフィーは生きていたのか？」

「ああ、生きていたさ。他にも仲間がいた。ジンガとフートと…え～っと…確か…アイ

「……？」

ガジョは待ち切れないように言葉を重ねた。

「アイカか？」

「そう、アイカだ」

「他は？　他の連中は？　他にはいなかったか？」

「ああ、他は皆『赤い魔獣』にやられたと言っていた。ガジョ、お前もだ」

ガジョはふぅ〜っとため息をつくと、静かに座り、つぶやいた。

「良かった。あいつらは助かったのか……」

「ガジョ、僕も君はてっきり死んだと思っていたんだ。生きていたなんて驚いたよ」

「ジョン、私は死んだ。私はあそこで『赤い魔獣』に殺されたんだ」

「何言ってんだよ、生きてるじゃないか」

「リーダーのガジョはあそこで死んだ。いま、ここにいるのはどうしようもない負け犬。名前すら失ってしまった。誰でもない者、何もできず、誰の相手にもされない者。生きていても仕方のない役立たず、それが私だ」

ガジョは自嘲気味にそう言うと、またうずくまった。

「ガジョ、どうしたんだ、君らしくないじゃないか。仲間が生きているとわかったんだ。

戻ればいいじゃないか」

「そんな資格など、私にはない」

「ガジョ、君自身がどう思おうと、君は赤鞍のリーダーだ。じゃあ、いったいどんな資格が必要だというんだ？」

「私は逃げた。恐怖によって我を失い、その場から逃げ出した。我を失い、恐怖に駆られ無我夢中で全てを捨て、走り去った。そのような役立たずは、リーダーなどでは決してない。リーダー以前の問題だ」

「いや…それは…」

「私は臆病風に吹かれ、部下たちのいのちを犠牲にし、部下たちが殺されている隙に自分だけ逃げ去って生きながらえたのだ。私は卑怯者で、臆病者で役立たずだ。私の罪は永遠に消えない。私が生きていること自体が恥であり、罪なのだ」

僕は、ゾバックのあの圧力と恐怖を思い出した。

あの恐怖の中、僕も逃げ出した。

同じ状況なら、僕もきっと、ガジョと同じで仲間を置いて逃げ出しただろう。

そうだ、ガジョは僕なんだ！

ガジョはあのときに逃げ出して、そのまま魂の声が聴こえなくなってしまった、もうひとりの僕なんだ。

「ジョン、放っておいてくれないか。私はおしまいなんだ。ここで終わりなんだ。こんな役立たずの私など、生きる意味はないのだ。生きる場所などないのだ。できること、生きる価値などないのだ。私を置いて出ていってくれ」

ガジョは吐き捨てるように言うと、うずくまって下を向いた。

「ガジョ、君は僕だ」

「なんだって?」

「君は、もうひとりの僕なんだよ」

そう、逃げてしまって、ほんとうじゃない自分になってしまった、もうひとりの僕なんだよ。

「何を言っているか、わからない」

だから、放っておくわけにはいかない。君は、僕なんだよ。僕はその言葉を飲み込んだ。

「おせっかいなヤツだな」

ガジョが迷惑そうに視線を上げた。

ここで僕がゾバックにもう一回会いに行った話をしたら、逆効果になりそうだ。

そうだ！　いい案を思いついたぞ。

「ガジョ、君は自分が役立たずで、何もできないって言ったね」

「ああ、言った」

「でも、君が役に立つこと、できることが一つだけある」

「なんだ？」

ガジョは疑い深そうに、視線を向けた。

「僕はアマナ平原のチカルという街に行きたいんだ。知っているか？」

ガジョはうつむいたまま答えた。

「ああ、近くまで行ったことがある。ここから東にまっすぐ一週間ほどで着く」

「ガジョ、僕をチカルに案内してくれないか？　僕には君の助けが必要だ」

ガジョは少し顔を上げ、怪訝そうに答えた。

「私の助け？　私が君にできることなんか何もない、あるはずがない。東にまっすぐ行けばいいんだから」

「いいや、もう一回言う。僕には君の助けが必要だ。こう見えても僕はすっごい方向音痴なんだ」

僕は、少し誇らしげに言った。

「は？　方向音痴？　君が？　まさか…」

「そうさ。自慢じゃないけど、実は最高レベルの方向音痴なんだ。朝に東へ歩いているうちに、いつの間にか夕方には太陽が沈む方向に歩いているんだ」

　確かに僕はちょっとだけ、方向音痴だったんだ。でもこれは内緒だ。

「うそをつくな。それで猟犬がつとまるものか。鷹の羽のジョンが方向音痴なんてうわさは一度も聞いたことがない。私はだまされない」

「そりゃ、そうさ。そんなうわさ、僕が流させるもんか。僕の名声が傷つくだろ。だから方角に関してはいつもハリーに確認してもらっていたんだ。ハリーを知っているだろ？」

「ああ、君のところのサブリーダーだな」

「そうさ。僕は他のことは全て自信があるけど、昔から方向だけはまったくダメなんだ。たぶん、そこの部分の脳がダメなんだろうね。だから、ハリーがいないいま、僕には君の助けが必要だ」

　僕は、ガジョの目をまっすぐに見つめた。

「ガジョ、君は古くからの知り合いの僕がこんなに困っているのに、放っておいてここでうずくまって、僕を見捨てるつもりなのかい？　このままだと、僕はチカルにも行けないし、君と同じように野垂れ死んでしまうかもしれないんだぜ。君は死んでもいいかもしれないけれど、僕は死ぬわけにはいかないんだ」

ガジョは僕の視線をはずし、うつむいて黙ってしまった。

「……」

しばらく沈黙が続いた。

「ガジョ…」

話しかけようとすると、ガジョがおもむろに顔を上げた。

「わかった。チカルまで案内するとしよう」

ガジョはヨロヨロと立ち上がった。

「ありがとう、ガジョ」

こうして僕とガジョは、一緒にチカルに向かうことになった。

12

僕とガジョは、一緒に屋敷を出た。

とりあえず生きる目的を持ったガジョは、積極的に食物を取りはじめたこともあり、衰弱していた体力も徐々に戻ってきた。

僕とガジョ、二匹の優秀な〝元〟猟犬は楽々と食べ物を見つけ、危機を回避し、東に向かって進んでいった。

僕たちは歩きながらいろいろな話をした。僕はダルシャに出会ったこと、そして、ダルシャの死、一年前のガルドスとの闘いやコウザやアンガスとの出会い…しかしゾバックとのことはなかなか言い出せなかった。

ガジョも一年前のダルシャとの出会いから、北の谷を抜けるときのこと、そしてベレン山で「赤い魔獣」と遭遇したときのこと、その後の流浪の旅…。ガジョはマフィーたちと違って、ダルシャにだまされたとは思っていないようだった。

ガジョはその言葉とは裏腹に、心の中にまだ「仲間」や「ハイランド」への熱い思いが残っているようだった。

よし、一緒にチカルに行ってみよう。きっと僕にとってもガジョにとっても、何か意味のある出会いが待っているに違いない。

一緒に歩きはじめて六日目の夕方、森を抜けると、目の前に見たこともない広々とした平原が現れた。

「うわ～っ、広いな！」

「ああ、すごく広い。ここがアマナ平原だ」

僕たちは、ついにアマナ平原に到着した。

見渡す限り、まっすぐな地平線が見える。振り返ると、いままで歩いてきた森の木々の間を、真っ赤でまん丸な太陽が落ちていくところだった。

明るいオレンジ色と金色に輝く夕日に照らされて、無数の森の葉っぱがキラキラと反射して光の大合唱をしていた。まるで木々たちが沈んでいく太陽に手を振って別れを惜しんでいるようだった。

僕たちは目を見交わし、にっこりとほほ笑んだ。

「夕日を背にしてまっすぐ歩けば、あと一日でチカルに着く。今晩はこのあたりで寝る場所を探そう」

ガジョはそう言うと、言葉を続けた。

「ジョン、明日でお別れだな」

僕はびっくりして答えた。

「何を言うんだ。チカルにはまだ着いていないじゃないか」

「もう着いたも同然だ。まっすぐに歩けばいいんだから。ほら、見てみろよ」

ガジョはそう言って、鼻先で水平線を指した。

ガジョの鼻先をまっすぐに見ると、濃い紫色と灰色の混じり合った空と地平線の境界に、小さな街の影が見えた。

「あれがチカルだ。もう見える」

「しかし…せっかくここまで来たんだから、一緒に行こうよ」

「いや、約束は約束だ。私は明日、君と別れる」

「ガジョ、君も強情なヤツだな。なんでそんなにかたくななんだ」

「強情？　余計なお世話だ。そもそも、君が案内してくれと言ったから、ここまで来てやったんだ。私はもう終わりにしたいんだよ。この苦しみから解放されたいんだ」

ガジョのかたくなさに、僕は少しむっとして言い返した。

「苦しみ？　どんな苦しみだい？　どっか痛いのか？」

「ジョン、全てうまくいっている君のようなヤツに、私の苦しみが理解できるものか。私は部下を見殺しにし、臆病風に吹かれて自分だけおめおめと生きながらえた、どうしようもない卑怯者で、負け犬で、恥さらしで、役立たずの罪人なのだ。私など生きている価値はないのだ。私が生きているだけでどれだけ苦しいか、君にわかるものか！」

「ガジョ、君はいつまで、そうやって悲劇の主人公を演じているつもりなんだ？」

「悲劇の主人公だと？　演じているだと？　この私が？　もう一度言ってみろ！」

ガジョは燃えるような目つきで僕を睨んだ。

「そうさ、僕にはそう見えるんだ。自分だけが悪い！　私はダメだ！　私は臆病者だ！　私は卑怯者だ！　私は恥さらしだ！　役立たずの罪人だ！　いまの君はそう言って自分を貶（おとし）めることで自己満足しているだけだ！　そういうのを悲劇の主人公を演じるって言うんだ！」

「な、なんだと!!」

ガジョはいまにも飛びかかりそうに歯をむき出した。僕は睨み返した。

「やるか！　そうやっていじけているいまの君なんかに、僕は負けないぞ！」

僕たちは牙をむき出し〝ウウ～ッ〟とうなり声を上げながら身をかがめ、いまにも飛びかかりそうな姿勢で睨み合った。僕たちの間に緊張が走る。どちらかがちょっとでも動いたら、すぐに取っ組み合いが始まる、ピリピリと緊迫した空気が張り詰めた。

ウウウ～ッ

緊張の糸がピーンと張り詰めて一、二分ほども続いた頃だろうか、突然、真横からすっとんきょうで場違いな、ゆる～い声が響いた。

「あぁ～っ、ホントだぁ～！」

がくっと力が抜け、思わず声の聞こえた方向を振り向くと、小ギツネが目をまん丸にして立っていた。そして再び間の抜けた声を上げた。

「予言者さまの、言う通りだ～！」

するとと、小ギツネの頭の上に小さなネズミがチョロチョロと出てきた。

「当たり前だ！　予言者さまが間違うはずないだろ！」

あっけに取られた僕たちがそのまま二匹を見ていると、小ギツネの頭に乗っているネズミが早口で言った。

「予言者さまがお前たちを連れてこいとおっしゃった。今日のこの時間、ここに来ればけんかをしている二匹のやせこけたみすぼらしい犬がいる。二匹とも連れてこいとのことだ」

やせこけたみすぼらしいは余計だ…。

ネズミは僕たちを見て、早口で言った。

「おいらはウィルフレッド。ウィルと呼んでくれ。コイツはキツネのサルバトールだ」

サルバトールと呼ばれた小ギツネは、音階がずれたようなのんきな声で、ゆったりと笑った。

「わ～い、サルって呼んでね～」

ウィルフレッドとサルバトールの登場ですっかり気勢をそがれてしまった僕たちは、顔を見合わせ、ふぅ～と同時にため息をついた。僕はガジョに言った。

「すまなかった。ちょっと言いすぎた。でも、さっきのことは僕の本音だ」

ガジョはうつむきながら答えた。

「いや、いいんだ。君の言いたいこともよくわかる。いや、わかっているつもりだ」

「ガジョ、とりあえず、行こうよ。これは行けってことだよ。それに予言者って気になるだろう？」

すかさずウィルフレッドが訂正した。

「予言者さまだ！」

「わかった。私も行こう。私も予言者とやらに会ってみたい」

「だから、予言者さまだってば！」

僕とガジョは、サルバトールとその頭の上に乗ったウィルフレッドの後ろについて歩きはじめた。

僕たちがウィルフレッドとサルバトールの後ろについて歩きはじめてから、数時間たっただろうか、サルバトールがくるっと振り向いた。すかさずウィルフレッドが早口で言った。

「今日はここで寝るよ。疲れたろ」

サルバトールが僕に向かってにっこりと笑いながら言った。

「君の後ろに牛みたいな石があるでしょ。そこを掘ってみて」

僕が言われた通りに振り返ると、後ろに白と黒の入り交じった大きな石があった。その石の下を掘るとイモがごろごろと出てきた。

「今日はこれを食べて寝ようね。明日には予言者さまのとこに着くからさ」

サルバトールはのんきそうにガジョに話しかけている。

「このおイモ、おいし〜ね！ ほら、ここのところがすごく甘いんだよ〜、ほ〜ら、ほらほら」

「ああ、まあ、そうだな」

「ほら、ここ、食べてもいいよ、やわらかいとこ。おいし〜んだから、甘いでしょ、ほらほら」

ガジョは少し困ったような表情をしながら、サルバトールに勧められたところを口にしていた。

「ね、おいしいでしょ、ほら、おいしいって言ってよ」

「ああ、おいしい…」

「でしょ、でしょ〜！」

深刻なガジョとのんきなサルバトールのやりとりが面白おかしく、僕は思わず笑ってしまった。

イモを食べ、みんなその場で眠りについた。

翌朝、朝日が昇るとともに僕たちはチカルに向かって歩きはじめた。ウィルフレッドが言った。

「今日の昼には着くと思うよ」

「予言者さまってすごいんだよ～。なんでもわかっちゃうんだ」

サルバトールがガジョに向かって、目を丸くして話しかけた。

「ほう、なんでもか、例えばどんなことだ？」

「そうね、例えばね、僕が今日何を食べたかとか、ウィルとけんかをしてどこをかじられたとか…そうだ、リカルド兄ちゃんに意地悪されて隠されたどんぐりの場所も教えてくれたんだよ！」

「お前は予言者さまに、何でも聞きすぎなんだよ！」

ウィルフレッドが、サルバトールの頭の上から横槍を入れる。

一生懸命話すサルバトールののんきな雰囲気もあって、僕たちはとっても穏やかな気分で歩き続けた。

太陽も真上に昇った昼頃、僕たちはチカルの街に到着した。

サルバトールがうれしそうにウィルフレッドに言った。

「着いたよ！　いろんな入り口があるけど、今日は僕が一番気に入っているとこから行こうよ」

「え〜っ、あそこか？　まあ、いいや、じゃあ、行こう」

ウィルフレッドはそう言って振り向くと、僕とガジョに向かってちょっと偉そうに言った。

「ついてきな」

サルバトールはうれしそうにスキップのように飛び跳ねながら、チカルの街の中に入っていく。

「跳ぶなよ！　落ちるだろ！」

ウィルフレッドがサルバトールの頭上で、頭の毛をつかみながら叫んだ。

街にはたくさんの人間たちがいた。サルバトールは人間に見つからないように、雑踏から少し離れた雑木林の中を歩いていく。そして僕たちを振り返り、鼻をクンクン鳴らした。

「ここはね〜、おいしい匂いがするんだよ〜」

確かにいい匂い…。人間の食堂が近くにありそう。僕は一瞬、ご主人さまのお屋敷を思い出した。

「でもね〜、匂いだけなんだ。近づくと危ないからね〜」

サルバトールはそう言うと、とてもうれしそうにクンクンと鼻を鳴らしながら歌いはじめた。


においだけでも、ごちそうさ〜。

ああ。おいしい。ああ、おいしい。

僕は、しあわせ〜。


サルバトールは歌いながらしばらく歩いていたけれど、急に立ち止まった。

「急に止まるなよ、危ないだろ！」

ウィルフレッドが頭の毛にしがみついた。サルバトールが目をまん丸くして言った。

「予言者さまだ！」

サルバトールの視線の先を見ると、小さな影が地面に立っている。

「予言者とは、ネズミか……」

ガジョが冷静な声で言った。

「こら、失礼だぞ！　予言者さまに向かって！」

ウィルフレッドが怒鳴った。

予言者と呼ばれた小さな影が、トコトコと近づいてきた。

その影はやはりネズミだった。しかし、そのネズミはいままで見たことのあるどんなネズミとも明らかに違っていた。年齢のせいもあるのだろうか、全身が白銀に輝き、長いひげは白くもしゃもしゃと生い茂っている。長く伸びた白銀の頭の毛から、鋭い眼光がキラリと光っていた。

ウィルフレッドはサルバトールの頭からパッと飛び降りると、僕とガジョに向かって振り向いた。

「このお方が予言者さま、クーヨ・アレキサンダー・エスコバル・ド・フェンテスさまだ！」

13

サルバトールが、目を丸くしながら聞いた。

「予言者さま、なんでここがわかったの？」

予言者と呼ばれたネズミは、ニコッと笑いながら答えた。

「全てのことは、お見通しじゃ」

そして僕とガジョに顔を向けた。

「わしはクーヨ。この街では予言者と呼ばれておる。そう、残念ながら、ネズミじゃ」

クーヨはニッと笑い、そしてガジョを見た。

「おんしはわしを見て『フン、ネズミか…がっかりした』と思ったじゃろ」

「いかにも…その通りだ」

ガジョは少し驚いて答えた。

「いいか、物事は外側を見るだけでは何もわからん。大切なのはその『本質』を見抜くことなのじゃ」

クーヨは目をキラリと光らせた。

「本質」…そういえば、ダルシャもその言葉を使っていたっけ…。

「目に見えるものだけで物事をとらえ、判断しよるから、いつまでも迷うのじゃ。おんしは」

クーヨはいたずらっぽくガジョに言った。ガジョはぐっと目を開くと、何も言えずに黙った。

「まあ、ついてきんしゃい。とりあえず、集会場に行くぞなもし」

クーヨを先頭に僕たちは雑木林へ入り、しばらく進むと小さな洞窟に着いた。クーヨは洞窟の中にトコトコと入っていく。洞窟の中には少し広い空間があり、天井からは太陽の光がうっすらと差し込んでいた。

クーヨはちょうど光の当たっているところで立ち止まると、振り向いてゆっくりと座った。僕たちもクーヨを囲んで丸く腰を下ろした。クーヨは声をかけた。

「皆の衆、よろしく！」

たくさんのネズミたちがワラワラと現れて、僕たちの前に人間たちの作った食べ物を次々に運んできた。もちろん、それは人間たちにとっては残飯だったけれど、僕たちにとっては大変なご馳走だった。

「予言者さま、こんなご馳走、いいんですか？」

ウィルフレッドが聞いた。

「今日は特別じゃ。久しぶりに客人を迎えたんじゃ」

「わ〜い」

サルバトールが飛び跳ねた。クーヨは僕とガジョに向かって言った。

「まずは食べよう。話はその後じゃ。腹が減っては戦はできん。戦はせんがの…ほっほっほ」

僕たちもうながされて、人間たちの作ったご馳走をほおばりはじめた。

一通りのご馳走を食べ終わると、クーヨはウィルフレッドとサルバトールに言った。

「さて、ご苦労じゃったの。これでお仕事は終わりじゃ。お腹もいっぱいじゃろう。今日は遊んどいで」

「わ〜い、ありがとう、予言者さま！　ウィル、行こうよ、何して遊ぶ？」

「そうだな、リカルドの背中に草の実をくっつけるってのはどうだい？」

「うほ〜い、そりゃ、面白そう〜！」

サルバトールはウィルフレッドを頭に乗せ、スキップしながら洞窟を出ていった。歩いていく二匹を愛しげに見つめていたクーヨは、僕たちに振り返った。

「どうじゃ、あの二匹と一緒は面白かったじゃろう」

そして今度は、ガジョを見つめて言った。

「いまのおんしには、ああいう無邪気さが必要じゃ。じゃから、あの二匹を行かせたんじゃ。全ておんしのためじゃ」

「私の…ため…？」

クーヨはほほ笑み、続けた。

「わしは予言者と呼ばれておるがな、ほんとうのところは道案内じゃ。ハイランドへの」

「ハイランド！」

僕とガジョは、顔を見合わせた。

14

「何でお前たちのことがわかったか？　不思議じゃろ」

クーヨはそう言うと、大きな目をいたずらっぽくクリクリとさせた。

「はい…」

「ふふふ…。わしにもよくわからんが、わしには見えてしまうんじゃ」

「見えてしまう……」

「そうじゃ。わしには遠くの物事が見えるのじゃ。目をつぶって集中すると、頭の中にその光景が浮かんできてしまうのじゃ」

「ほんとうか…？」

ガジョが疑い深く聞き返した。

「では、なぜわしがおんしたちのことがわかったと思うのじゃ？」

「私たちのことを客人と言ったな、なぜだ？」

ガジョがクーヨに聞いた。

「さっきも言ったじゃろ。わしはハイランドへの道案内じゃ。ハイランドへ向かう者たちはわしにとって皆、客人じゃ」

「ジョンは確かにそうだが、私は違う。私はハイランドへ行かない」

ガジョは冷たく言い放った。クーヨはガジョをしっかりと見つめ、きっぱりと言った。

「いいや、おんしは行く」

「行かない。いいや、行けない。私にはハイランドへ行く資格などない」

「ほう、資格…。それでは聞くがハイランドへ行く資格とはいかなるものじゃ」

「う…それは…」

ガジョは言葉に詰まったが、しばらく考えた後で言った。

「どんな資格かはわからない。が、私が行けない資格ならある」

「ほう、どんな資格なんじゃ」

「私は生きている資格すらない役立たずだ。私は恐怖に、臆病風に吹かれ、部下を置いて逃げた。部下が殺され、食われている間に私は逃げた。私は全てを捨てて、ひたすら逃げた。私は臆病者で、卑怯者で、情けない弱虫で、生き恥をさらす罪人だ。そんな者がハイランドへなど行けるはずがなかろう」

「ほう、臆病者で、卑怯者で、情けない弱虫で、生き恥をさらす役立たずの罪人は、どうしてハイランドへ行けないのじゃ？」

「う…、そ…それは…」

「ハイランドへ行く資格、そんなものはありゃせん。己の魂の声を聴き、それに従って生きる者、それがハイランドへ行く資格と言えば、資格なのじゃ」

「魂の声…」

ガジョは、それでも負けていなかった。

「いまの私は魂の声は聴こえない。まったく聴こえない。もう、二度と聴こえない。だから、やっぱり私が行けるはずがない。いや、絶対に行けない。いや違う、私などが行ってはならないのだ」

ガジョは顔を上げ、クーヨを睨みながら大きな声で叫んだ。

「そうだ、そもそも、もう、私はもう、ハイランドなんて行きたくないんだ!!」

「ほう、行きたくない…。ガジョよ、ほんとうにそうかな？」

「そうだ！　私は行きたくないんだ！　私は早く終わらせたいんだ！　もう、生きていくのはうんざりなんだ！　この苦しみを終わらせたいんだ！　私など、生きていてはいけないんだ！　私は…、私は、死にたいのだ！」

最後の言葉は、絶叫だった。

僕は、ガジョの心の傷から真っ赤な血が火山の噴火のように噴き出しているのが見えた。でも、それはほんとうは、助けを求めて叫んでいるようにも、感じた。

「苦しいとな…。**苦しみとは、いま目の前に起きている体験を受け入れないということじゃ。目の前に展開する現実に抵抗しているということじゃ。**ガジョよ、おんしは何を拒んでおるんじゃ？　何に抵抗しておるのじゃ？」

「うるさい！　もう私のことなんか、放っておいてくれ！　そして、早く死なせてくれ！」

「そうか、死にたいのか…」

クーヨは、ゆっくりとうなずいた。

「よし、わかった。では、例のものを！」

クーヨが洞窟の奥に声をかけると、ネズミたちが赤と黒と黄色の毒々しいキノコを慎重に運んできた。

僕とガジョは、目の前に置かれたそのキノコを見つめた。

「おわかりの通り、これは毒キノコじゃ。ひと口食べればあの世行きじゃ。少々苦しいがの」

クーヨは、ガジョの目を覗き込んだ。

「さあ、ガジョよ、遠慮なく食べるのじゃ。おんしの望み通り、いま、ここで終わりにしよう」

ガジョは目を大きく見開いて、毒キノコを睨みつけた。

「さあ、ひと思いにバクッといくのじゃ。安心せい、おんしの最期、わしがしっかりと見届けてやる」

「クーヨ！　それは…」

僕は思わず止めに入った。

「おんしは黙っとれい！」

ガジョは毒キノコを見つめ、大きく口を開いた。

「ううう……」

「さあ行け！　これで終わりにできるのじゃ！」

「う……うがっ」

ガジョは口を開いたまま止まった。牙から唾液がぽとり、ぽとりと滴っている。

「ほれ、早う食わんか！　ひと思いにバクッといかんか！　これでおんしは逃げ切れるのじゃぞ」

「逃げ切る？」

僕は思わず繰り返した。

「そうじゃ。いまのこやつは『逃げ』以外の何ものでもない。人間から逃げ、大熊から逃げ、仲間から逃げ、そして最後には自分からも逃げようとしておる。逃げて逃げて逃げ続けるのがいまのこやつじゃ。じゃから苦しいんじゃ！　そんなこともわからぬばか者は、いっそのこと死んだほうがいいんじゃ！　ほれ！　最後の一手じゃ、これで終わりじゃ、早う食えい！」

「……」

ガジョは口を開けたまま、毒キノコをすごい形相で睨みつけている。

「どうしたガジョよ。なぜ食べんのじゃ？　おんしの望みが、いますぐ叶えられるんじゃぞ」

ガジョはクーヨの声が聞こえているのか、聞こえていないのか、まるで石像になったように微動だにせず、ものすごい形相で口を開いたまま、毒キノコを睨みつけている。

「なぜすぐに食べんのじゃ？　死にたいんじゃろう？」

ガジョは、無言で動かない。

「そもそも死にたい、終わりにしたいと言っているくせに、なんでいままで生きていたのじゃ？　死のうと思えば、すぐにでも大熊のところに戻ればよかったじゃろう！」

「……」

ガジョの目が血走って、真っ赤になってきた。

「なんで、死ななかったんじゃ!!」

「うう……」

「なんで、おめおめと生きておったんじゃ!!」

「う…ううう」

「なんで、いま、ここにいるんじゃ!!」

「うううう……」

「いい加減、ほんとうの自分の声に気づけ！」

「ううう……」

「ほんとうのことを、言えい‼」

「うっ…うがあっ…」

「言え！　ほんとうのことを言え！　ほんとうのことを言え！」

「ぐわぁっ…」

「言え！　ほんとうのことを言え！　ほんとうのことを言え！　ほんとうのおんしは、いま、なんと言っておるのじゃ‼」

「ううう…うがあっ‼」

「この〜、たわけ者めがあ‼」

「ぐぅあぁぁぁおぉぉ…」

ガジョの目から血の涙がぽとり、と落ちた。

「喝〜っ‼」

その瞬間、クーヨの空手チョップがガジョの脳天に、さく裂した。

その衝撃波が洞窟に響き渡った瞬間、ガジョは白目をむいてばったりと倒れた。

「ガジョ‼」

「大丈夫じゃ、しばらく休ませてやるのじゃ」

クーヨは、血の涙を流しながら倒れているガジョを、優しく見つめた。


「ここは…」

日が西に傾いた頃、ガジョが目を開けた。

「ここは、クーヨの洞窟だよ」

「あ…ああ…」

「大丈夫かい？」

「ああ、なんとかな…」

ガジョは憑き物が落ちたように、すっきりとした顔で言った。

そこへまるでガジョが目を覚ますことがわかっていたかのように、クーヨがトコトコと現れた。

「お目覚めかな」

「……」

ガジョは気まずそうに、目をそらした。

「少しはすっきりしたようじゃの…」

「私はいったい…」

「少しは楽になったかの？」

「……」

「よいか、ガジョよ。苦しみとは、目の前に展開する世界に対する抵抗が創り出すのじゃ。おんしは何に抵抗しておったのじゃ？」

「抵抗ですか…わかりません」

「では言葉を変えよう。何を認めたくなかったのじゃ？　死んで消えてしまいたいほど、認めたくなかったものは、なんなのじゃ？」

「や…役立たずの、私です」

「それじゃな。それが苦しみを生み出していたのじゃ。なぜそんなに、それにしがみつくのじゃ？　なぜそんなに、皆の役に立たねばならなかったのじゃ？」

「私が生まれたとき、母は私を生んで死にました。リーダーだった父も、兄たちもみんな私を憎みました。お前が母を殺したんだ、お前は母殺しだ、と。お前など生まれなければよかったのだ、と。そう、私は母殺しなのです」

「なんと…」

「さらに私は兄弟たちの中で一番身体が小さく、病弱でした。リーダーだった父にも、兄たちにも、私は役立たずとして粗雑に扱われて育ちました。母殺し、どうせ長く生きない、と。弱者は消えていくのみ、余計な食料を消費するだけの無駄な存在、早く死ね、と」

「だからと言って、それがどうして役に立つ完璧なリーダーになろうと思ったのじゃ？」

「はい。私は皆に認めてほしかった…。私を受け入れてほしかった…。私を…私という存在を受け入れ、認め、そして…愛してほしかった…」

ガジョがうつむくと、地面にぽたぽたと涙の跡がついた。ガジョは顔を上げた。

「だからこそ、私は…皆に必要とされる存在にならなければならなかったのです。皆の役に立つ存在にならなければならなかったのです。そうでなければ、私がこの世に存在する居場所も、価値もなかったのです。私は皆の役に立たなければ、この世界に生きていてはいけなかったのです。私の存在がゆるされる、生きていることがゆるされる唯一の私、それが皆の役に立つ、皆のために生きる、完璧なリーダー、ガジョだったのです」

「完璧なリーダー、とな」

「私は父や兄たちから認められ、愛されるため、仲間たちからの尊敬を勝ち取るため、そしてこの過酷な世界を生き抜くために、私は強く、完璧なリーダーにならねばならなかったのです」

ガジョ、そんな過去が、あったんだ…。

「完璧なリーダーとは、どんなヤツのことじゃ？」

「先を読み、的確に指示を出し、強く、常に全身全霊で努力をし、仲間のために自分を犠牲にする、そういう完璧な存在…」

「そりゃ、無理じゃな」

そう、そりゃ、無理だよ、ガジョ。僕だって、誰だって、そんなの無理に決まってる。

「だから、私は自分を徹底的に鍛え、常に能力を磨き、そしてついにリーダーという役割を手にすることができたのです。そして、だからこそ、私は皆のために働かねばならなかったのです。私は強く完璧なリーダー、ガジョであらねばならなかったのです」

「大変じゃったのう、ガジョ」

「はい…私には無理でした。ほんとうの私は弱く、臆病で、情けない弱虫で卑怯者です。しかも恥知らずで役立たずです。完璧なリーダー、ガジョはまったくの幻想でした」

「ガジョよ、ほんとうの強さとは、何か知っとるか？」

「ほんとうの強さですか…？　わかりません」

「ほんとうの強さとは、自分が弱い存在だと知っていることじゃ。わしらは光と影の合わさった存在なのじゃ。光の部分だけしか見ていないと、おんしのようなことになる。光が強くなればなるほど、影も強くなるのじゃ。そこを見ないように避けておると、おんしの

ようにいきなり影につかみとられ、闇の中に引きずり込まれるのじゃよ。光と影、その両方が合わさった存在が自分だと知ること、これがほんとうの強さを連れてくるのじゃよ。

わしらは皆弱い。強いやつなどひとりもおらん。あの大熊だってそうじゃ」

「あの大熊も……？」

「そもそもあの大熊の前で冷静でいられることなど、どだい無理な話じゃ。ガジョよ、影も見よ。影も自分じゃ。影を認め、影を受け入れるのじゃ」

「弱い自分…影の私…」

「おんしは完璧なリーダー、ガジョではない。おんしはガジョ。なんでもない、誰でもない、役割も何もない、そのまんまのただのガジョなんじゃよ。そう、父や母や兄たちの思い出も手放し、ガジョという名前も手放し、過去の記憶や思い出も全て手放し、そのまま、ありのままの存在に還るのじゃ。全てを手放して、自由になるのじゃ。そうなりたくて、ハイランドへ行こうと思ったのじゃろ？」

「…はい。ダルシャの言葉に、私は心を打たれました」

「全てを手放して、ありのままの自分を受け入れるんじゃよ」

「受け入れる…ありのままの私…では、私は…私は、卑怯でも、臆病でもいいんですか？」

「そうじゃ。わしらはみんな弱い。卑怯でも、臆病でもいい」

「臆病でもいい…では、私は…弱くても、いいんですか？」

「そう、弱くてもいい」

「…では、私は…情けなくても、いいんですか？」

「いい。情けなくてもいい」

「…では、私は弱虫でも恥知らずでも、いいんですか？」

「そう、弱虫でも恥知らずでも、いい」

ガジョは続けて、吐き出すように言った。

「わ…私は、や…役立たずでも、いいんですか？　誰の役、なんの役にも立っていなくても、いいんですか？」

クーヨは、決然と言った。

「いい。役立たずでも、いい。誰の役にも、なんの役にも立っていなくても、いい」

「う…ううう…」

「ガジョよ、おんしは生きてるだけ、そう、生きてるだけ、それでいい。よくぞ、よくぞ、今日まで生きておったのう」

「う…う…うわ〜っ」

ガジョは罪をゆるされた罪人のように、突っ伏して泣いた。

そう、なんだ…。

ガジョを閉じ込めていた、完璧なリーダーという檻。

ガジョはいま、そこから解放されたんだ…。


ガジョが落ち着いてきたとき、クーヨが口を開いた。

「わしらは三つの存在でできておる。一つは身体、もう一つはエゴ、そして最後は魂。この三つのバランスが取れてこその、わしらなのじゃ」

そういえば、コウザも同じことを言っていたっけ…。

「ガジョよ、おんしはエゴの声ばかりが大きくなっておったのじゃ」

「エゴの声、ですか？」

「そうじゃ。エゴの声に頭を乗っ取られておったのじゃ。で…おんしのエゴはなんと言っておったか？」

「弱い私、情けない、役立たずの私など、生きる価値はない…死んだほうがましだ、と…」

「その言葉を最初に聴いたのは、いつの頃じゃ？」

「…おそらく、身体が小さかった子どもの頃です。その頃は、いつもそればかり考えていました」

「その声が、ずっとおんしを縛ってきたのじゃよ」

「私を、縛る声…」

「その声におんしはずっと縛られて生きてきたのじゃ。それがおんしの物語を創ってきたのじゃよ」

「私の物語を…」

「そうじゃ。そうやってずっと完璧なリーダー、ガジョを必死に演じ続け、そしてそれがいま崩壊したのじゃ」

「崩壊…」

「よいか、その言葉はほんとうのおんしではない。ほんとうのおんしはもっと別のところにいる」

「ほんとうの、私ですか？」

「おんしはなぜ、生きておったのじゃ？」

「わかりません…」

「では聞く。他の二つ、身体はなんと言っておったのじゃ？　今ならその声が聞こえるじやろう？」

「身体は…死にたくないと言っています」

「魂はなんと言っておる？」

「魂は……」

ガジョは、そこでちょっと黙った。

「ハ…ハイランドへ行きたい…と…」

ガジョの目から、ぽたぽたと涙が落ちた。

「それが、おんしのほんとうじゃ」

「う…ううう」

ガジョは、また泣いた。

うつむいて涙を流すガジョに、クーヨが優しく続けた。

「おんしは正しい選択をした」

「正しい選択…ですか？　それは…？」

「それは、生きる、という選択じゃよ」

「生きる…ううう…私は生きていいのでしょうか？」

「わしに聞くな。もう答えは出ておるじゃろう」

「しかし、私は部下を見殺しにして逃げ出したという事実がある。これは罪です。消えません」

「そう、じゃからこそ、おんしには責任があるのじゃ」

「責任、ですか？」

「そうじゃ。おんしの部下たちの分まで、ほんとうの自分を全うする、という責任がの……」

「しかし、それでは虫が良すぎるのではないでしょうか？　私が犯した罪は真実なのです」

「真実というものなど、どこにもありはせん。よいか、この世界に真実などというものはない。おんしがおんしの世界を創っている、おんしがおんしの頭の中に勝手に真実を創っている。これが真理じゃ」

「……？」

「おんし自身がおんしの世界の創造主なのじゃ。全てはおんし自身なのじゃ。おんしは自分自身を目の前の世界に投影するだけなのじゃ。自分を罪人だと思っていたら、目の前にやってくる全てがそれを証明するような出来事に見えるし、それを証明するようなことが次々とやってくるように解釈する。この世界は闘いだと思っていたら、常に闘うことになり、闘う相手が次々と現れる。そういうことじゃ」

ゾバックのことだ…と僕は思った。

「自分を罪人だと思っていれば、この世界は牢獄になる。おんしはいままで散々自分を罰してきた。罪悪感という鎖で自らを縛り、牢獄に閉じ込め、打ち据えてきたのじゃ。自分で自分を罰し続けるのは、もうやめにせい。それは、ほんとうのおんしの声なのか？」

「違います。はい…やめます」

「エゴが創り出すのは幻想じゃ。だからこそ、ほんとうの自分の声を聴くのじゃよ。その声は小さくてすぐにエゴの声にかき消されてしまう。エゴが創り出すのは幻想の世界じゃ。おんしが見ている世界というのは、おんし自身のエゴが創り出す幻想の、拡大されたもの以外の、何ものでもないと知るのじゃ」

「私は、どうすればいいのでしょう？」

「おんしが何をするかなど関係ない。おんしが、なんで在るか、じゃ」

「なんで、在るか…？」

「そう、行動（Doing）ではなく、存在（Being）の問題なのじゃよ。**エゴのやかましい声が静まると、穏やかな波のように、ほんとうの自分自身（Being）が現れる。そして時折、その隙間からメッセージがやってくる。これが存在（Being）の声、魂の声じゃ。**これが聴こえてしまったら、もう選択の余地はない。ガジョよ、おんしにはもう、魂の声が聴こえておるんじゃろ？」

「はい…」

「言うてみなさい」

「私はベレン山に戻ります。マフィーたちと会い、もう一度、一緒に『赤い魔獣』に会います」

クーヨは、僕に言った。

「ふふふ…『赤い魔獣』か…ジョンよ、おんしの話をしてごらん」

僕は、ゾバックに会った話をした。

「そうか、君は『赤い魔獣』に会っていたのか…」

「言い出せなくて、ごめん」

「いや、いいんだ」

「ゾバックは言っていた。危険と恐怖とは違う。恐怖は自分が創り出す幻想だ、決して恐怖の奴隷になってはならない、と。そして、自分の中の恐怖に打ち勝つのは勇気だって。

僕は思う。ガジョ、いまの君はその勇気を持っている」

「ありがとう。今度こそ私の中の恐怖に飲み込まれないよう、自分の勇気を信じよう」

「〝生きてるうちに死ね〟という言葉がある。ガジョ、そしてジョン、おんしらは一度、死んだ。殺してくれたゾバックに感謝せい。もう怖いものなどありゃせん。まあ、まだ何回か死ぬかもしれんがの、がっはっは」

「はい」

「よいか、物事には偶然はない。全てが必然じゃ。起こるべくして物事は起こる。ダルシャとの出会い、ゾバックとの出会い、おんしたちの出会い、そしてわしとの出会い…。これを魂の計画と呼ぶ」

「魂の…計画…？」

「そうじゃ。全ては魂の計画通りに、物事は起きる。じゃが、エゴはそれが理解できん。エゴの目は、小さな穴から世界を見ているようなもんじゃ。ゆえに視野が狭く、混乱してしまう。目の前に起こったことに飲み込まれ、すぐにもみくちゃになってしまう。そして、あらぬ方向へ走り出す」

「私のように…」

「そうじゃ。じゃから、受け入れられないような出来事が起こったら、少し上から見てみるのじゃ。エゴの声が小さくなるように、上から見てみるのじゃ。山の頂上からふもとを眺めるように、エゴの声の雲海を見下ろすのじゃ。遠くまで見えるようになれば、それが一つのプロセスであり、いずれは消えるものであり、そしてそれすら魂の計画じゃというこ とが、自然と腹でわかるもんじゃ」

「わかりました。ありがとうございます」

クーヨは、ゆっくりと僕を見た。

「ジョン、おんしもガジョのおかげで、大きなものを学ばせてもろうたな」

「はい。その通りです。ガジョ、ありがとう。君のおかげでとっても大事なことが理解できた。ほんとうにありがとう」

「いいや。私こそ君に感謝したい。ジョン、君がいてくれなかったら、私はここにたどり着くことはおろか、あの廃屋で野垂れ死んでいたことだろう。ほんとうにありがとう」

クーヨは、ゆっくりと優しく言った。

「いやいや、お互いさまなのじゃ。これが、『魂の出会い』なのじゃ。これからはおんしらは『魂の仲間』じゃ」

「魂の仲間…」

僕たちは、お互いの目を見つめ合った。

「わしも『仲間』に入れてくれたらうれしいの」

クーヨはそう言って、いたずらっぽく笑った。

「も……もちろんです！」

「この仲間には当然、ダルシャやゾバックも入っておるがの…がっはっはっは！」

クーヨやダルシャ、ゾバック、ガジョたちと『魂の仲間』だなんて、なんて素敵なんだろう！

第５章　レグードゥの森――目指す者たち

15

チカルの街を出て、三日ほどたった。

ガジョとはチカルで別れた。ガジョはまるで生まれ変わったように、目を自信と確信できらきらと輝かせ、これから待っているであろう冒険を仲間とともに乗り越えていく、強い決意と愛情、そして勇気に満ち溢れていた。

「ハイランドで会おう！」

「ああ、必ず！」

クーヨは言った。

「レグードゥの森に行くのじゃ。そこにおんしの次の学びが待っておるはずじゃ。ただし、急ぐことじゃ。あまり時間がなさそうじゃからのう」

レグードゥの森…その森は、チカルから北東に歩いて二十日ほどの距離にある森だった。

あまり時間がない…どういうことだろう？

僕はレグードゥの森への道を急いだ。

それから一週間ほども歩いた頃だろうか、大きな木の下で一休みをしていると、一羽のフクロウが飛んできて枝に止まった。フクロウは僕を見下ろして言った。

「ほう、あまり見かけない顔だな。その様子だと、人間のところから逃げ出してきたのか？」

「ああ、そうなんだ。やっぱり、自由が一番さ。僕らの本質は自由だってことなんだろうね」

ガジョと別れてからずっと独りぼっちだったので、うれしくなった。

「それで、どっから来たんだい？」

「うん、そうだね。ここに来る前はチカルにいて、その前はベレン山、その前は、北の谷の向こうにある森で人間に飼われていたんだ」

「へぇ～…ずいぶん遠くから来たんだね。それで、これからどこに行くんだい？」

「いまはレグードゥの森に向かっているところなんだ」

「レグードゥの森か…。あそこになんの用事があるかわからないけど、いまは行かないほうが身のためだぜ」

「身のため…レグードゥの森に何かあったのかい？」

「ああ、いまあそこには人間たちがいっぱいいるぞ。行ったらひどい目にあうぞ」

「なんで森に人間たちがいっぱいいるんだい？」

「うわさでは、あそこの森には何か不思議なヤツがいるらしいんだ」

「不思議なヤツ？」

「ああ、俺もよくわからないけど、うわさでは怪我や傷を癒やす不思議な力を持っているらしいんだ」

「その不思議なヤツと、人間がいっぱいいることがどう関係あるんだい？」

「つまり、その不思議なヤツのことが人間たちに知られたんだよ。人間たちは犬たちと一緒に、おっと失礼、君も犬だったね、そう、人間に飼われている犬たちと一緒に、その不思議なヤツを捕まえようとしているんだ」

そうか、クーヨが「あまり時間がなさそうじゃ」と言っていたのは、そういうことだったんだ。

「で、どんな状況なんだい？」

「うん、でもそいつは神出鬼没で全然捕まらないらしいんだ。すごく時間がかかっている。だから、そのおかげで捕まえようとする人間たちがどんどん増える。もう、森は人間でいっぱいだ」

「その不思議なヤツって、どんな動物なんだい？」

「う～ん、俺も知らないんだよね」

「そうか……わからないのか……」

ちょっと声を落としてつぶやくと、フクロウはふと気づいたように言った。

「ああ、もしかして君はそいつに会いに行こうと思ってたのかい？」

「ああ、たぶん、そうなんだと思う」

「やめとけ、やめとけ、人間たちは腹いせに森にいる動物たちを、片っ端から殺しているんだ。あの森はいま地獄だ。俺だってあそこには絶対に近づかないようにしているんだ。悪いことは言わない。この騒ぎが収まるまでは森に近づくな。死にたくなかったらな」

クーヨの言葉が、頭に響いた。

「物事には偶然はない。全てが必然じゃ。起こるべくして物事は起こる。これを魂の計画と呼ぶ」

もしそれがほんとうなら、このフクロウとの出会いや、いま聞いていることにも意味があるってことになる。そしてもちろん、レグードゥの森で起こっていることも…。

進むか、戻るか…。

今度は、ゾバックの言葉がよぎった。

「恐怖と危険は違う。〝恐怖〟など存在しない。〝危険〟は『いま・ここ』で対処すればいいものだ。その〝危険〟を恐れ、心の中に作り出す影、それが〝恐怖〟だ」

僕は言った。

「フクロウくん、貴重な情報ありがとう。でも、僕は行くよ。こうしちゃいられない。早くレグードゥの森へ行かなくちゃ」

フクロウは信じられない、という表情をした。

「はぁ〜、俺はどうなっても知らないぜ」

「大丈夫さ」

「君が行くんなら、うわさを一つ教えてやるよ」

「うわさ？」

「あくまでうわさなんだが、その不思議な力を持っている動物を守っているやつらがいるらしい」

「守っている、やつら？」

「ああ、うわさでは真っ白な狼らしい。そいつに会うには白い狼を探したほうが早いかもな」

やっぱり、出会いには意味がある。僕は聞いた。

「フクロウくん、名前はなんて言うんだい？」

「俺は、ダッジ」

「僕は、ジョン」

「じゃあな、ジョン、気をつけてな」

「ありがとう！　ダッジ！」

僕はダッジに向かってお礼を言うと、レグードゥの森へ歩きはじめた。

早く、行かなくちゃ！


ダッジはジョンの後姿をしばらく見た後、チカルの方向へ飛んでいった。

ダッジと別れてから一週間、レグードゥの森に近づくにつれて、物々しい雰囲気を肌で

感じはじめた。道々の動物たちのピリピリとした緊張感が、どんどん強くなってきている。

「森に行くのはやめとけ」

忠告してくれる野犬もいた。でも、僕は人間たちの狩りのやり方をよく知っていた。犬たちが獲物を追い込むやり方、人間が考えた複雑な作戦、僕はいままでの経験から、それらを知り尽くしていた。

「恐れとは、自分が創り出す幻想」

ゾバックとの出会いで学んだこともあったので、不安に飲み込まれることもなかった。

僕は出会った動物たちに〝白い狼〟のことを聞いてみたけれど、森の奥にあるルーンと呼ばれる湖付近で目撃されたこと以外はわからなかった。

とりあえず、森の奥のルーン湖へ行ってみよう。

ルーンの湖を、どうやって探すかな？

それは、草原を歩いていたときだった。

懐かしい、でもちょっといやな臭いが風に乗って漂ってきた。

人間だ！

とっさに草陰に身を隠し、注意深く周囲を見回した。すると、遠く右前方の草原の木々の間を人間たちが馬に乗って歩いている姿がちらりと、見えた。犬たちもたくさんいるようだ。

よく観察してみよう…。

人間の数は六人、犬の数は三十匹ほどだろうか。

ずいぶんいるな…大集団だ。見つかるとやっかいだな。

僕は自分の匂いを気づかれないように慎重に風下に回り込み、遠巻きに様子を観察した。人間たちは等間隔で隊列を組み、犬たちは人間の前を四〜六匹ごとに、きれいに集団を作って歩いている。

かなり、訓練されているな…。

僕は、集団に気づかれないように追跡することにした。

なんだろう？　なんか変だぞ？

この集団、なんか違和感があるぞ…なんだろう？

さらに警戒心を上げて観察を続けた。しばらくして、その違和感の正体がわかった。

人間が、まったく指示をしていない！

でも、犬たちが統率されている！

どういうことだ？

こんなこと、ありえないぞ…。

人間の代わりに指揮を取っている犬がいる！

僕はさらに三十四ほどの犬たちの動きを注意深く観察した。すると、すぐに一匹の黒い犬の動きに気づいた。その犬は全ての犬の最後尾、ちょうど人間の集団と犬たちの間を歩いていた。

人間の表情を読み、周囲を注意深く見回しながら、他の犬たちに適切に指示を出している。犬たちの小グループに情報を伝達する役目の犬もいるようだ。

もしかすると…。

昔聞いたうわさを思い出した。

はるか北東に、シーザーという名の犬がいる。別名は「皇帝」。

その犬は人間よりもはるかに賢く、大勢の猟犬たちの指揮を取る。「皇帝」に狙われたら、誰も絶対に逃げられない。

あの犬が「皇帝」シーザーなのか…？

僕は気づかれないように、最高レベルの警戒をしながら集団の後を追った。

尾行しはじめて三日目の夜、少しでも情報を得ていたほうがいいと考えて、思い切って犬たちに近づいてみることにした。

僕は眠って休んでいる集団の中に注意深く入っていった。犬たちはそれぞれ数匹ずつの集団に分れて、身体を寄せ合って寝ていた。僕は丸くなって寝ている犬たちの間を気づかれないように静かに抜けていった。

いくつかの集団を通り抜けたところで、突然、後ろから鋭い声が響いた。

「待っていたぞ」

振り向くと、精悍な風貌をした身体の大きな犬が身体を起こして僕を見ていた。

「……」

その犬は、猟犬らしい鋭い目を光らせながら言った。

「お前が我々をつけていることは気づいていた。いずれ我々に接触してくるとの予想もしていた」

僕の尾行は、いままでどんな動物にも気づかれたことがなかったのに…。

「私の名前はマリウス。この部隊の副官だ。いまから我々の司令官に会わせる。ついてこい」

マリウスは立ち上がると、寝ている犬たちの間を抜け、集団の先頭に向かって歩きはじめた。

どんな犬だろう？

あの犬だろうか？

集団に適切な指示を出していた、あの黒い犬の姿を思い浮かべた。

マリウスが歩みを止めると同時に、マリウスの前に自信と威厳に満ちた黒い犬が、鋭い目つきで現れた。やはり、あの犬だった。

「おっしゃる通り、接触してきました」

マリウスはそう言うと、横にすっと退いた。僕の目前に立っている黒い犬は、いままで出会った他の犬たちとは明らかに様子が違っていた。数々の闘いの経験が作り出す自信と威厳、そして落ち着きを感じさせた。全てを見抜く氷のような鋭い目が僕を見据えていた。

「なぜ、我が部隊の後をつけるのだ？」

黒い犬はゆっくりと聞いた。その声は低く、しかしとても艶のある声だった。

僕は瞬間、さとった。うそやごまかしは通用しない…ほんとうのことを言おう。

「僕はレグードゥの森に向かっているんだ。君たちもおそらくそこに向かっているんだろうと思ったから、ついて歩いていたんだ」

「それにしては、ずいぶんと慎重につけていたな。相当な訓練を積んでいるようだ。お前は何者だ?」

そして鋭い目を細め、矢で射貫くように、僕を見つめた。

「僕は〝元〟猟犬だ。だからやり方を知っているだけだ」

「ほう、お前の名前を教えてもらおう」

「僕の名前は、ジョン」

黒い犬は一瞬、さらに眉間をしわを寄せ、しばらく黙ってから言った。

「お前、鷹の羽のジョンか…」

「僕を、知っているのか?」

「うわさは聞いている。『ガルドス』や『白帝』を倒した武名は我々のところまで届いている。突然人間のところからいなくなった、とのうわさもな」

そんなことまで、うわさになっているんだ…。

「私はシーザー。この集団の指揮官だ。会えて光栄だ」

シーザーは初めて目元を緩めた。

「君が『皇帝』シーザーか…」

「いかにも、そう呼ばれることもある。君が知ってくれているとは、なおさら光栄だ」

シーザーは〝お前〟を〝君〟に言い換えて答えた。マリウスがいぶかしげに聞いた。

「司令官、こいつの言うことを信用してもいいんでしょうか？」

「君も彼の尾行を見ただろう。あのような動きができる者はそうは多くない。少なくとも、私の部隊にはいない。眉間の傷、半分の尻尾、全て私の想像していた通りだ」

そして今度は僕に言った。

「ジョン、どういう理由で人間の元を離れたかは知らないが、もしよかったら我々の部隊に合流してくれないか？　君が我が部隊に入ってくれれば、こんなに力強いことはない」

「シーザー、申し訳ないがそれはできない。僕はレグードゥの森に大事な用事があるんだ」

「どのような用事なのだ？　差し支えなければ聞かせてくれないか？」

「僕にもよくわからないんだ。しかし、レグードゥの森に行けば必然的にわかると思う」

「必然的にわかる？　私には意味がわからないが…」

僕は、思い切って言ってみた。

「シーザー、僕は自分の魂の声に従っているんだ。いまはわからなくても、きっと〝そのとき〟になれば、僕のいる意味、僕の学び、僕のやるべきこと、全てがはっきりすると思うんだ」

「魂の声？」

シーザーは不思議そうに繰り返してから、マリウスを見た。マリウスも首をかしげながらシーザーを見返した。

「魂の声は心の奥の深いところから聴こえてくるんだ。僕の魂の声はこう言っているんだ」

そこまで言うと、少し話を止めた。

シーザーとマリウスはじっと僕を見ている。

シーザーとマリウスになら、通じるかもしれない！

そしてゆっくりと、しかしはっきりと、彼らに向かってダルシャが僕に言ってくれた言葉を言った。

「僕たちの本質は自由だ。僕たちは人間に飼われ、人間に尽くすために生まれてきたわけじゃない、と」

マリウスが眉間にしわを寄せながら、口を開いた。

「ジョン、私はいま君が言ったことの意味がわからない。我々は人間に飼われてはいるが、その対価として人間の狩りを手伝う。それが我々の使命であり、生きる意味なのだ」

シーザーが語りはじめた。

「ジョン、君は考え違いをしているようだな。我々は人間に飼われているのではない。我々は人間と対等なのだ。対等なパートナーなのだ。我々は統率された集団であり、組織だ。我々は組織の中でこそ、最高の生き方が、そして真に我々らしく生きていくことができる」

「その通りです」

マリウスがうなずいた。

「我々は他の種族たちと違う。我々は人間を選んだ。そして人間たちも我々を選んだのだ。我々は人間と相互の信頼を作り上げた。そしてなおかつ、我々は組織として機能的、効率的、そして的確に動くことのできる、数少ない優れた種族なのだ」

「シーザー、君の考えが間違っているとは言わないよ。でも、僕はどの種族が優れていて、どの種族が劣っているとは思わない。それは〝優劣〟じゃなくて〝違い〟なんじゃないかな」

「いいや、ジョン、それは違う。我々は他の種族よりも明らかに優れた存在だ。なぜならば、他の動物たちは我々に〝狩られる〟側の存在だ。我々は〝狩る〟側の存在なのだ。これが優劣でなくて、なんだというのだ」

「いやでも…だからといって、それが優れているとか劣っているとかの証拠にはならないと思う」

「ジョン、君ともあろうものが…。それでは聞くが、君が狩ったガルドスや白帝は、君より劣った存在だから、君に倒されたのではないのか？　劣っていたからこそ、死んだのではないのか？」

「確かに、結果的には僕は彼らのいのちを奪った。そう、彼らは死んだ。しかし、それはたまたま運よくそういう結果になっただけで、逆だった可能性だってある。それに、それが僕の役割だったからだ」

「ジョン、君は話をすり替えている。役割ではなく、優劣の問題だ。では聞くが、人間からその役割を与えられたこと自体、我々が優れている証拠なのではないのか？　馬などは人間を運んでいるだけではないか」

「う〜ん、それは…」

「いのちのやりとり、これに全ての存在の優劣が凝縮される。勝つ者が優れているのだ。そして、優れた者だけが勝ち、生き残る。負けるとは死ぬこと、存在が消滅すること以外の何ものでもない。したがって、勝つ者は優れ、負ける者は劣った者なのだ」

「う〜ん」

「我々の種族は一匹では力は弱いかもしれないが、集団の力、皆で力を合わせることで最強になることができる。ゆえに最も優れた種族なのだ。だから人間はパートナーとして我々を選んだ」

マリウスが言った。

「熊や虎は個体では強いが、我々の集団にかかれば敵ではない。私はその優れた種族の一員であり、優れているがゆえに選ばれた役割を、自ら放棄することが自分の道だとは、とうてい思えない」

シーザーも言った。

「ジョンよ。我々はその優れた種族の中の最強の部隊である。つまり、我々はありとあらゆる種族の頂点なのだ」

「頂点……」

「そうだ、覚えておくといい。我々は人間の狩りの手助けをしているのではない。我々が狩りをしているのだ。人間は、我々の付属物、備品にすぎない」

「…僕は君の言っていることにはっきりと反論はできない。でも、違うということは感じるんだ。僕には、いまの君たちの言葉の中に、君たちの魂の声が聴こえないんだ」

「君がその魂の声とやらを聴いて人間たちから離れたことに対して、私はとやかく言わない。だが、私は君が間違っていると思う。それが私の意見だ」

シーザーはきっぱりと言った。マリウスも横でうなずいている。

「シーザー、君の意見はわかった。でも覚えておいてほしい。いつか君たちも魂の声が聴こえるかもしれない。そのときはじっくりとその声に耳を傾けてみてほしい」

「一応、覚えておこう」

シーザーとマリウスは表情を変えずに答えた。一呼吸おいて、シーザーは僕に言った。

「君も覚えておいてほしい。君がその魂の声とやらに従って取る行動が、もし我々の目的に反するものになったら、我々は容赦しない。我々は敵同士となることを覚悟してほしい。そして我が部隊は、君がいままで闘ってきたどんな相手より強く、優れているということも」

「わかっている。そうならないことを僕も願っている」

「この話はこのくらいにしよう。ジョン、どうだ、レグードゥの森に行くまでは同行しないか？　その道々、我々の後学のためにも、君のいままでの闘いについて話してくれないか？　優れた事例として学びになる」

「ああ、いいとも。参考になるのなら。しかし、その前に聞かせてほしい。君たちはレグードゥの森へ、いったい何を狩りにいくんだ？」

「レグードゥの森にいると言われている、不思議な力を持った動物を狩りに行くのだ」

「不思議な力？」

「なんでも、全ての傷や怪我を癒やす力を持っているらしい」

「その動物とは？」

「はっきりした情報ではないが、どうも白い馬らしい」

「白い馬…？」

瞬間、「白帝」のことを思い出した。しかし、「白帝」は身体は大きく、素晴らしい俊足と剛力を持っていたけれど、不思議な力は持っていなかった。

シーザーは少し低い声で言った。

「そして…始末の悪いことに、その白馬を守っているやつらがいるらしい」

「守っている、やつら…」

「それはどうも白い狼で、一匹ではないという情報がある」

「その情報、ほんとうでしょうか？」

マリウスが聞いた。

「わからない。狼が馬を守るなんてことは聞いたことがない。狼は馬を襲うものだ。恐らくこの情報は間違っていると思う。ジョン、君は何か知っていることはないか？」

「いや…何も…」

「仮に何かの間違いで狂った狼が守っていたとしても、しょせん我々の敵ではないだろう。どうにでもなる。我々が知っていることは以上だ。後は森についてから考えればいい。マリウス、小隊長を招集しろ。ジョンを皆に紹介する」

「はい、了解しました」

マリウスは暗闇の中に消えていった。

その晩からレグードゥの森に着くまで、僕はシーザーたちへ過去の闘いを話して聞かせた。シーザーやその仲間たちはさすがに優れた犬たちで、皆とても紳士的で頭も良く、気持ちよく群れに迎え入れてくれた。

このみんなと、闘いたくないな…。

なんとか、避けられないかな…。

その想いと裏腹に、僕たちはレグードゥの森へ、どんどん近づいていった。

17

五日後、僕とシーザーの一行は、ついにレグードゥの森に到着した。

暗く、うっそうとした青緑の木々たちが、森の奥へ深々と重なっていた。一連の騒ぎで逃げ出してしまったのだろうか、動物たちの気配がまったく感じられなかった。

　シーザーが言った。

「ここでお別れだ。武運を祈る」

「ああ、お互いにね」

　僕はシーザーや人間たちの集団に背を向け、暗い森の奥へ向かった。


　ジョンの後ろ姿を見ていたマリウスが、シーザーに口を開いた。

「司令官、いいのですか？　行かせてしまって」

「ああ、かまわない」

「でも、ジョンの目的は我々と同じような気がしますが…」

「わかっている。おそらくそうだろう。しかし、彼がいようといまいと、我々にはなんの影響もない。万一、敵になったら排除するのみだ」


　僕は自分の後ろでシーザーとマリウスがそんな話をしているとは思いもせず、テクテクと森の中へ歩いていった。そうして歩いている最中にも人間たちの痕跡が多く見つかった。タキビの跡や、犬たちのフン、馬の足跡…。

かなりの人数が来ているな。

それらを慎重に避けながら、森の奥へと進んでいった。

ルーンの湖に行くには、どうしたらいいんだろう?

誰かに会えれば、道を聞くこともできるんだけど…。

周囲を見回したが、動物たちの気配はいっこうになかった。

とりあえず、小川を探そう。そう、小川は湖につながっている可能性がある。僕はいままでの経験と知識を総動員して、小川を探しはじめた。


レグードゥの森に入って三日目、ついに小川を見つけた。

可能性は二つ。この流れは湖に向かって流れていくものなのか、それとも、湖から流れてきて、草原に向かって流れていくものなのか…?

こういうときこそ、直感に聞く…。

目をつぶり、この流れの上流と下流の風景とつながってみる。すると、下流のほうでゴツゴツした岩の隙間から清流が流れ出し、深い青緑の美しい湖に流れ込んでいる様子が見えた。

よし、下流に行ってみよう!

下流に向かって半日ほども歩いただろうか、小川は流れるにつれて別の小川と次々に合流し、夕方になる頃には川幅が三倍ほどの広さになった。僕は転がっている大きな石や岩、倒木を乗り越えて、さらに下流へと進んでいった。

もさもさと生い茂った木々を抜けると、いきなりぱあっと目の前が開けた。そこには先ほど見えた通りの、深い青緑の水を満々とたたえた、美しい湖面が一面に広がっていた。

うわ～、出た！

見上げると、高々とした大空が、真っ赤な夕陽で紅に染まって、僕という存在を包み込んでいた。金色とオレンジ色、赤と紫の入り混じった言葉では表せない色彩を、湖面が静かな鏡のように映していた。

なんて…なんて、きれいなんだろう…。

夕陽とルーンの湖が創り出す場のエネルギーが、僕の全身の細胞をぶるぶると震わせていた。

美しく幻想的な風景は、ダッジの言っていた「不思議なヤツ」の存在を、ますます強く感じさせた。

よし、今晩はこのあたりで休むとしよう。

壮大な夕焼けの交響楽が終わる頃、ちょうど良い寝場所を見つけ、そこに丸くなった。

無事にルーン湖に着けた安心感からか、すぐにぐっすりと眠りに落ちていった。

「おい、起きろ」

真夜中、僕は唐突に目を覚まされた。

「……！」

あわてて周囲を見渡すと、目の前に二匹の大きな白い狼が立っていた。

「お前は、何者だ？」

右側の白い狼が、低く澄んでよく通る声で尋ねた。

その白狼の身体はかなりの大きさで、僕の二倍以上ありそうだ。大きさならダルシャよりも大きいだろう。

「僕はジョン。チカルから来た」

大きな白狼のよく澄んだ蒼緑の目を見ながら答えた。

「で、なんの用だ」

今度は、左側に立っていた白狼が言った。

この狼も同じくらいの大きさだったが、よほどの戦闘をくぐり抜けてきたのだろうか、左半分の顔面が損傷し、左目がつぶれていた。そして僕と同じように眉間に馬のひづめの跡がくっきりとついていた。残った右目は深紅にランランと輝いている。

「僕は、ハイランドへ行きたいんだ」

赤片目の白狼に向かって答えた。

「ほう、ハイランド…そんなうそを言っても、俺たちには通用しないぜ」

赤片目の白狼が、その片方しかない右目を赤く細く光らせて言った。

「いいや、うそじゃない。僕はほんとうにハイランドへ行きたいんだ」

今度は蒼目の白狼が言った。

「では聞く。ここはハイランドではない。なぜここにいるのだ？」

「チカルのクーヨにこの森のことを聞いたんだ」

「ほう…」

「だまされるな！」

赤片目の白狼が、蒼目の白狼に強い調子で言った。

「うそなら、なんとでも言える」

「うそじゃない！」

「ふん、どうかな…？」

赤片目の白狼は、赤く光る目で僕を鋭く睨みつけると、ウウ～ッと鋭い牙をむき出して

威嚇を始めた。

「待て、ゲトリクス。早まるな」

蒼目の白狼が、冷静に制した。

「クーヨとは、どのような姿であったか」

「クーヨは年をとったネズミだったけど…ただ者じゃなかった。遠くの出来事が見えるんだ。クーヨの名前は確か…クーヨ・アレキサンダー・フェンテスだったかな…？」

蒼目の白狼が即座に聞いた。

「お前はそこで、何を学んだ？」

「いろいろ学んだんだけど…そうだね、その一つ、苦しみは、自分のほんとうの声を聴いていないから起こるんだ」

僕は、苦しんでいたガジョを思い出した。

「だから自分のほんとうの声を聴き逃しちゃいけないんだよ。自分のほんとうの声を聴くんだよ。エゴの声に頭を占領されちゃうと、幻想の世界に入ってしまうんだ。その世界の住人になって、エゴの檻の中に入り込んで、出られなくなっちゃうんだ。だからほんとうの声、魂の声を聴き逃さないようにしなくちゃいけないんだ」

「この者は、うそはついていないようだ」

「ケッ、正確じゃねぇ。ヤツの名前はクーヨ・アレキサンダー・エスコバル・ド・フェンテスだ」

ゲトリクスと呼ばれた白狼が、吐き捨てるように言った。

「クーヨを知っているの？」

「ああ、我らの仲間だ。我が名はヴェルキン。この者はゲトリクス。君が彼からの使いであるからには、仲間と認めよう。そして、我らのところへ来た意味もあるはずだ」

ヴェルキンはそう言って僕の目をじっと覗き込んだ。赤片目の白狼はゲトリクスという名前のようだった。

「こんなヤツ必要ねえ。俺たちだけでも十分だ。クーヨのヤツ、なんでこんなちっこい犬なんぞ、よこしたんだ。なんの役にも立ちゃしねえ」

ゲトリクスが僕を睨みながら言った。

「ゲトリクス、いいかげんにしろ」

「だってそうだろ、ヴェルキン。俺たちはこの森のことを知り尽くしているし、やってくるやつらは腰抜けの人間や、臆病なチビ犬どもじゃないか。俺たちの敵じゃない。歯ごたえがなさすぎて、敵にもなりゃしねえ」

「ゲトリクス、この者は犬にしてはなかなかやるぞ。おぬしもそのぐらいわかるだろう。

この者がここに来た意味も絶対にある。いいかげん頭を冷やせ」

ゲトリクスをたしなめていたヴェルキンは、僕に向かって言った。

「我らは女神シャーレーンさまの守護者である。我らがいる限り、いかなる者もシャーレーンさまに指一本触れさせることはない」

「その通りだ」

ゲトリクスが繰り返した。

「君をこれからシャーレーンさまの元に案内する。ついてくるのだ」

ヴェルキンはそう言うと、暗闇の中に消えていった。僕は急いでヴェルキンの後を追いかけた。

第６章　女神シャーレーン——ゆるしと癒やし

18

薄暗い森の中をくねくねと歩くと、目の前に洞窟が現れた。

ヴェルキンは何も言わずに洞窟の中に歩いていく。数十メートルほど歩くと、干草の敷き詰められた空間に出た。その中心が光っていた。

なんだ…？

何が光っているんだ？

目を細めて洞窟の中心を見た。すると、その光の中心で白い馬が身体を起こしてこちらを見ていた。不思議なことに、その白馬の身体全体が白銀に輝きを放っている。

身体が…光を放っている…？

思わず立ちすくんだ。

「君にも見えるらしいな」

ヴェルキンが言った。

「見えるって？」

「シャーレーンさまが光って見えるのだろう」

「ああ、見える。ど、どうして？」

「不思議なことに、光が見えないヤツもいるんだ」

ぶっきらぼうに、ゲトリクスが言った。

「えっ？　あんなに光っているのに？」

ヴェルキンが答えた。

「ああ、そうだ。シャーレーンさまによると、見る者の振動レベルによって見えたり見えなかったりするらしい」

「振動レベル…？　振動ってなんの振動？」

「魂だ。魂の振動レベルだ。魂そのものが、より高周波で振動し、微細に速く震えれば震えるほど、目に見えない多くの情報を受け取ることができるのだ。そうすると、より多くのものが目に見えるようになる。クーヨの千里眼も、仕組みは同じようなものだ」

魂の振動…。

僕は光を放っているシャーレーンを、不思議な気持ちで眺めた。すると、唐突に心の中に声が響いた。

（あなたがジョンね）

えっ？

びっくりしてまわりを見回すと、白馬と目が合った。

「シャーレーンさまは、我々の心に直接語りかけるのだ」

（あなたのことはよく知っています。クーヨから連絡が来る前から、よく知っています）

また心の中に声が響いた。その声はとても穏やかで、優しい春のそよ風のようだった。

「よく知っているって？　どうしてですか？」

白馬の大きな目が、僕をじっと見つめていた。その目に見つめられると、僕という存在がまるごと全て受け入れられ、認められ、そして、ゆるされているような…。

心の深いところが、温かい安らぎで満たされていく。それは、もう忘れてしまったお母さんのぬくもりのようで、言葉では言い表すことのできない幸福感と安心感だった。

再び心の中に声が響いた。

（私はシャーレーン、「白帝」の妹です。ですから、あなたのことは昔からよく知っているのです）

えっ!!

白帝の…妹!!

安心感と幸福感が、あっという間に吹き飛んだ。

白帝は、僕が人間たちと一緒に殺した西の森の王。

僕が、殺したんだ!

そんな!　白帝の妹だなんて!　どうしよう!?

再び、シャーレーンの言葉が響く。

(動揺することはありません。私が怒っているように見えますか?)

シャーレーンは、慈愛に満ちたほほ笑みを浮かべた。

シャーレーンの顔をまともに見ることなんてできない。僕はすぐに目を伏せた。

(兄は私にこう言っていました。「人間たちと一緒にいる犬に面白い者が交じっている。いますぐには無理だが、いずれ魂の声を聴き取り、こちら側に来るだろう。そのうちに、きっと良い出会いがあるはずだ。そのときのために、我がひづめで刻印をつけておく」。それがジョン、あなたなのです)

「!!」

顔を上げることができなかった。僕はそんなことも知らずに、白帝を殺してしまったんだ。

白帝の首に噛みついたときの、牙が肉に食い込むあの感触、彼の血がどくどくと流れ、僕の全身に伝ってきたあの生暖かい感覚がよみがえってきた。血に染まった白帝が倒れ、いのちの光が失われていくときの、彼の静かな目が脳裏によみがえった。

その瞬間、胸の奥底に眠っていたものが、マグマのように噴き出した。


僕はいったい、いままでどれだけたくさんのいのちを奪った？

どれだけ多くの動物たちのいのちを終わらせた？

どれだけ無用で無益な殺しをしてきた？

そうだ、僕は、殺し屋じゃないか！

僕は、ほんとうに愚かで無知で粗野で、どうしようもない最低の殺し屋だ！

どれだけたくさんの、多くの、無益で無駄な殺しをしてきたんだ！

そうだ、殺し屋だ。

殺し屋だ！

僕は、殺し屋だ!!

多くのいのちを、なんの痛痒も、苦しみも、悲しみも、ましてや罪悪感や恥すらなく、何も感じずに平気で奪っておいて、自分だけ、のうのうと生きていていいのか？

そんな身分でハイランドへ行くだと？

殺し屋が、ハイランドへ行くだと？

無理だ！

いっそのこと、ここで死んでしまったほうがいいに決まってる！

誰か、僕を、どうしようもない殺し屋の僕を、この場で殺してくれ!!

僕は、生きている価値なんてないんだ!!


(ジョン、顔を上げなさい)

シャーレーンの優しい声が脳裏に響く。僕はゆっくりと顔を上げ、シャーレーンを見た。シャーレーンの大きな目が、優しく僕を見つめていた。

(ジョン、私の前に現れてくれて、ありがとう)

え…？

シャーレーンは慈愛に満ちた目で、僕をじっと見つめた。

(あなたは…私なのです)

……!!

僕の胸の奥底から、熱いものが勢いよくせり上がってきた。

（あなたの苦しみは、私の苦しみなのです。あなたの罪悪感は、私の罪悪感なのです。私はずっと昔から、あなたを待っていました）

僕は、シャーレーンの目から目をそらすことができなかった。

（私はあなたを、そして、私の中にいるあなたを、いま、ここでゆるします…）

「ぼ…僕を…」

（ありがとう…ジョン。これまで苦しませてごめんなさい。辛い思いをさせたことをゆるしてください…。そして…ジョン、あなたを…あなたを…ほんとうに愛しています…）

その瞬間だった…涙がほとばしり出て、全身の力が抜けていった。僕は、へなへなとその場にうずくまった。もう、何がなんだか、自分では、さっぱりわからなくなった。

（ありがとう…ごめんなさい…ゆるしてください…愛しています…）

シャーレーンの言葉が頭の中に繰り返し響いていた。僕は穏やかなその声を聴きながら、意識を失った。

しばらくして、僕は目が覚めた。

「おっ、目を開けたぜ」

ゲトリクスの声が聞こえた。

「シャーレーンさま、目が覚めたようです」

ヴェルキンの声。

僕はすぐに身体を起こした。

「何が…何が起こったのですか？」

ヴェルキンが言った。

「ジョン、君はシャーレーンさまに会い、自分の無意識の奥底にしまい込んで、見ないようにしていた苦しみや罪悪感が噴き出したのだ」

確かに…そうだった。自分がいかに残忍な殺し屋なのか…そんなことは気づいていなかった。それに気づいたときの、あの苦しみ!!

「そしてその無意識が意識化され、シャーレーンさまの祈りとともに統合され、癒やされたのだ」

「統合？」

「そういう見ないようにしていた自分、それほどゆるすことができなかった自分をも、癒やし、ゆるせたってことだ」

ゲトリクスが柄にもなく、難しいことを言った。

「シャーレーンさまにとって、君の傷は自分の傷なのだ。ゆえにシャーレーンさまが自身の傷を癒やせば、君の傷も癒やされる…。我々は一つにつながっているのだからな」

ヴェルキンは言った。

「そうなんですか…シャーレーンさま…ありがとうございます。なんだか…とってもすっきりして…まるで別の身体みたいです…」

(私もあなたのおかげで、自分を癒やすことができました。ありがとう、ここに来てくれて、ほんとうにありがとう)

「よお、これで終わったな。で、これからどうするんだ？」

ゲトリクスが言った。

(ジョン、自らの魂の声に従いなさい。それがあなたの進む道です)

シャーレーンの声が心に響く。僕は目をつぶったまま、胸の奥から上がってくる感覚に応じて答えた。

「僕は、しばらくここに残ります」

「ほう、なぜだ？」

ゲトリクスの赤い目がキラリと光った。

「いま、この森はとても危険な状況です。人間や猟犬がいっぱい来ています。僕は元猟犬です。きっと何かの役に立つはずだし、役に立ちたいと思います」

　ゲトリクスが言った。

「悪いがお前は必要ねえ。なぜなら、この森自体が一つの生命体なんだ。この森の動物たち全てが俺たちに情報を与えてくれるんだ。だから人間や犬たちがどこにいようと、何をしようと、俺たちを捕まえることなんて、できやしないのさ」

　僕はシーザーのことを思い出した。

「しかし、いまこの森に来ている一団はいままでとは違う。僕らの間でもすごく有名な猟犬の軍団だ。彼らを、いままでの人間や犬たちと同じと考えてはいけない」

「いいや、関係ないね。まったく問題ない」

「待て、ゲトリクス。ジョンの言うことも聞く必要がある。それに何よりシャーレーンさまはジョンが自ら選択するようにおっしゃったのだ。ジョンの選択に我らがどうこう言うべきではない」

「ふん、まあ、わかった。ただしジョン、俺たちの足手まといになるんじゃないぞ」

　ゲトリクスは鼻を鳴らしながら言った。

「ちなみに…俺の傷も、白帝のヤツにつけられたんだ」

　ゲトリクスは少し恥ずかしそうにそう言って、ニヤッと笑った。

19

シャーレーンを守る日々が始まった。ゲトリクスの言っていた通り、人間や犬たちの動きは全てわかった。森の動物たちが、どんどん知らせてくれるんだ。

あるときはウグイスが、あるときは鷹が、あるときは野ウサギが…。僕たちはその情報によって前もって作戦を考え、人間たちに姿さえ見せることなく逃げることができた。


あるとき皆が休んでいると、唐突にシャーレーンが顔を上げ、立ち上がった。

（私は、行かなくては）

「シャーレーンさま、状況を確認するまでお待ちください」

ヴェルキンは空に舞っている鷹を遠吠えで呼び寄せると、言った。

「確認たのむ」

しばらくすると鷹が戻ってきた。

「大丈夫だ。怪我をした小鹿が一匹いるだけだ。他には誰もいない」

「大丈夫です。行きましょう」

「ジョン、君も来るがいい。シャーレーンさまの力を見ておくとよい」

僕はヴェルキンにうながされ、シャーレーン、ヴェルキン、ゲトリクスに続いて森の中に入った。

しばらく歩くと、大きな木の幹の下に元気なくうずくまっている小鹿を見つけた。小鹿はシャーレーンを見ると、力なく声を出した。

「ああ、シャーレーンさま、来てくれたんですね。ありがとうございます」

小鹿は後ろ足に銃による怪我を負っていた。人間たちに撃たれたようだ。出血もひどく、もう顔を上げることが精一杯だった。

シャーレーンは小鹿の心に話しかけた。不思議なことに、僕の心にもシャーレーンの声が聞こえてきた。

(気にしなくてもいいのよ。これが私の役目なのですから)

シャーレーンは目をつぶり、そっと鼻先を小鹿に近づけた。するとどうだろう、白銀に輝くシャーレーンの身体が、よりいっそう白く光り輝きはじめた。その光は次第に大きくなり、小鹿を包みこんだ。

うわぁ〜、何が始まったんだ?

初めは白かった光がだんだんと黄色に変わり、そして次第に明るく暖かいオレンジ色に変化した。しばらくそのオレンジ色が続いただろうか、だんだんとオレンジ色の光が収まり、シャーレーンは普段の姿に戻った。

するとどうだろう！　小鹿が元気よく立ち上がった。

「シャーレーンさま、シャーレーンさま！　ありがとうございます。ほんとうにありがとうございます！　これでお母さんのところに戻れます！」

小鹿は喜んで、ピョンピョンと元気に飛び跳ねた。

（さあ、家族のところにお帰り）

小鹿は深々と頭を下げ、急ぎ足で森の中に消えていった。

「見たかジョン、これがシャーレーンさまの力だ」

ゲトリクスが得意そうに言った。

すごい…。

「シャーレーンさまがいる限り、この森は安泰なのだ」

（いいえ、ゲトリクス、違います。いまは私がいることで、この森の皆を危険な目に会わせることになってしまっています）

「いいえ、シャーレーンさま、あなたはこの森に必要です。人間たちは俺たちがなんとかします」

ゲトリクスはシャーレーンに言った。すると、ヴェルキンがふたりをさえぎった。

「待て！　その話は後だ。早く帰るぞ！」

緊張してヴェルキンを見ると、ヴェルキンは僕に目配せをして小声でつぶやいた。

「誰かが近づいてくる」

僕もその気配を感じ取った。数匹の犬のようだ。先ほどの小鹿の追手だろうか。

「よし、ずらかるぞ」

ゲトリクスが先頭を走りはじめた。僕たちはその場を立ち去った。


しばらくするとその場に犬が数匹やってきた。シーザーの部隊の犬たちだった。

少し遅れて、マリウスが到着した。

「おかしいな。あの傷ではそう遠くへは行けないはずだが…」

マリウスがいぶかしげにつぶやくと、一匹の犬がマリウスを呼んだ。

「ここに来てください」

そこは先ほど小鹿がうずくまっていた木の幹だった。根元に大量の血の跡が残されていた。

「おかしい…。あの身体の大きさでこの出血量だと、もう動けないはずだが…」

マリウスは不思議そうに首をひねった。そこへシーザーが後続部隊とともに到着した。

「司令官、ここへ」

マリウスに呼ばれたシーザーは、マリウスの指す大量の血の跡を見ながら言った。

「どうやら、出たようだな」

「出た？　と、言いますと？」

「例の不思議な力を持つ馬のことだ。どうやら我々の獲物の傷を治したようだ。それ以外考えられない」

「う〜ん、うわさはほんとうだったんですね…」

「そのようだな。よし、これで作戦が立てられる。ヤツを捕らえられるぞ」

「はっ」

「皆に作戦を伝える。今晩の作戦会議に、小隊長以上の者を全員召集するように」

「はっ、了解しました」


シャーレーンたちと洞窟に戻った僕は、まだ興奮が冷めなかった。それを察したのだろうか、シャーレーンが心に語りかけてきた。

（ジョン、あなたが見たように私は癒やしの力を持っています。この力は我が一族に代々

与えられたものなのです）

「と、言いますと、白帝も持っていたんですか？」

（いいえ、この力は一代でひとりにしか伝えられません。そして女性だけに与えられる力なのです。私の前には、私の母がこの力を持っていました）

「そうなんですか…」

「だから、我々がお守りをせねばならないのだ」

ヴェルキンが静かに言った。

「お前も、手伝え」

ゲトリクスが付け足すように、僕に言った。

（いいえ、ゲトリクス、ジョンはここでの学びが終われば次の旅へ出るのです。それが彼の道なのです）

「はい、はい、わかりましたよ。シャーレーンさま」

ゲトリクスは、ちょっとおどけたようなしぐさをした。

「でも、僕もここにいる限り、絶対にお役に立ちます！」

（それは、心強いこと…）

シャーレーンは、うれしそうに大きな目を細めた。

しかし…あの犬たちがシーザーの部隊だとしたら、とてもこのまま終わるとも思えない…。

僕は、一抹の不安を感じた。

20

それから数日たったある日のこと、あのときと同じようにおもむろにシャーレーンが顔を上げた。

(私は、行かなくては)

ヴェルキンがあのときと同じように答える。

「少しお待ちください、様子を確認します」

鷹を呼び寄せ、様子を見にいくように指示をした。しばらくすると鷹が舞い戻ってきた。

「雌の鹿が一匹、人間に撃たれて怪我をしているようだ。近くに人間の姿は見えないが、何かおかしい。変な感じがする。言葉では言えないが…」

「どんなふうに、変な感じだ？」

「人間に撃たれているのに、人間や犬の気配が感じられないんだ。撃ったやつらはどこにいるんだ？」

「……」

ヴェルキンは空を見上げ、しばらく考えてから慎重に言った。

「シャーレーンさま、今回は行かぬほうがよいかと思います。人間たちのワナかもしれません」

そして僕を見て、聞いた。

「ジョン、どう思う？」

「僕も行かないほうがいいと思います。おそらく、ワナです」

ゲトリクスがそれを聞いて答えた。

「ヴェルキンよ。たとえワナだとしても、やつらに何ができるっていうんだ。俺が蹴散らしてやる」

「ゲトリクス、人間を侮ってはいけない。やつらの武器は一瞬で我らのいのちを奪うことができるのだ」

ヴェルキンはそう言うと、再びシャーレーンに向かって言った。

「今回は残念ですが…」

その言葉を途中でさえぎって、シャーレーンが言った。

（私は、行かねばならぬのです）

「しかし…」

ヴェルキンが言う言葉を、シャーレーンはまたもさえぎり、強く言った。

（その鹿が、私のためにワナのおとりになったとしたら、なおさら私は行かねばならぬのです）

「しかし、それでシャーレーンさまに万一のことがあったら…」

シャーレーンは、毅然と答えた。

（もしそうなるのであれば…私はそれを受け入れます。大いなる存在が、私にそのような運命を用意するのであれば、私は喜んで、それを受け入れます）

「シャーレーンさま、ご安心ください。そうはさせませんぜ。俺がいのちに代えてもお守りします」

ゲトリクスが赤く光る目をランランと輝かせながら、立ち上がった。

ヴェルキンはシャーレーンの言葉を聞いて、覚悟を決めた。

「では、参りましょう。それがしもいのちに代えてお守りいたします。ジョン、君はどうする？　今回はいのちがけだぞ」

「もちろん行きます。行くに決まってるじゃないですか」

シャーレーンは自らの感じる場所へ向かって、迷いもなく歩きはじめた。シャーレーンの右側に僕、左側にヴェルキン、そして後方にゲトリクスがつき、注意深く周囲を窺っていた。先ほどの鷹が言っていたように、周囲に人間や犬たちの気配はなかった。しかし、猟犬の匂いが所々に残っていた。

この匂いはシーザーの部隊の匂いに似ているぞ。様子もおかしいし、シーザーのワナかもしれない。

ヴェルキンを見ると、〝わかっている〟と、僕にうなずき返した。

警戒しながら二十分ほど森の中を歩いただろうか、木々が少ない、少し明るい開けた広場に出た。その場所のちょうど真ん中あたりに、動物がうずくまっていた。シャーレーンが感じた雌鹿のようだった。

シャーレーンは迷うことなく雌鹿に近づき、心の中に話しかけた。

(かわいそうに…。ごめんなさいね。痛かったでしょう。いま、治してあげますからね)

そう伝えると鼻先を雌鹿に近づけて目を閉じた。するとまた、シャーレーンの身体が白銀に輝きはじめた。

僕はまたもやその光景に驚きを感じながらも、周囲に向かって最高レベルの注意を払った。

シャーレーンの身体が、どんどん輝きを増していく。その輝きが最高になり、真っ白に輝く光が金色に変わりそうになったとき、先ほどの鷹があわてて飛んできた。

「まずいぞ！　犬たちがやってくる！　すごい数だ。しかも速い！」

僕はあわててシャーレーンを見たが、シャーレーンは治療を続けている。ヴェルキンが低い声で言った。

「一度始めたら、途中で止めることはできないのだ。覚悟を決めよ、ジョン」

ゲトリクスはまるで楽しんでいるように、ニヤリと口元に笑みを浮かべた。

「シャーレーンさま、お急ぎください」

ヴェルキンがそう言っても、シャーレーンは無言で治療を続けている。

シャーレーンと雌鹿の身体が、同じように輝きはじめた。

(早く、早く！)

ヴェルキンとゲトリクスは、猟犬たちが来ると予想される方向をじっと睨んでいる。僕も猟犬たちが来てもすぐにシャーレーンを守れるように、全身の筋肉に力を込め、身をかがめた。

大勢の犬たちの走ってくる気配が感じられた。ざわざわと四方八方から犬たちの足音が聞こえてきた。さすがはシーザー、この広場は完全に包囲されているようだ。

数匹単位の犬たちの集団が速度を落とし、全ての方角から慎重に包囲網を狭めながら近づいてくるのがわかった。

「ケッ…なかなかやるじゃないか」

ゲトリクスがつぶやいた。ヴェルキンは状況を冷静に計算しているようだ。僕もこの包囲網の隙を懸命に探した。しかし、そうこうしているうちに、ついに犬たちが姿を現した。

僕の目の前に現れた黒い犬は、やはりシーザーだった。ヴェルキンの前には複数の小隊長たちの姿。ゲトリクスの前には、マリウスとその部下たちが姿を現した。僕たちは完璧に包囲されていた。

「ジョン、また会ったな」

シーザーは、低く艶のある声で静かに言った。

「いまからでも遅くない。投降を勧める」

「断る」

「そう言うと思っていた。一応、お前に対する敬意を示したまでだ」

シーザーはそう答えると、ニヤリと笑った。

そして、ヴェルキンとゲトリクスに向かって冷たく言い放った。

「我々はこの馬を欲している。この馬は我々の獲物だ。抵抗せずにおとなしく渡すのだ。馬を守るために狼がいのちを落とすとは、笑い話にもならんぞ」

「おい、黒いの、よく聞け」

ゲトリクスはニヤリと笑いながら言った。

「いのちだけは勘弁してやる。尻尾を巻いておとなしく人間たちのところへ帰れ」

シーザーも口元に笑みを浮かべながら返した。

「この状況でその言葉を言うとは大したものだ。いや、ただ単に状況がわかっていない愚か者かもしれんが」

ヴェルキンがシーザーに聞いた。

「なぜ人間は、このお方を欲するのだ？」

「私が欲するものを、人間が欲しているに過ぎない」

「ほう、おぬしは自らの欲するものと、人間が欲するものを混同しているようだな」

「混同ではない。同一なのだ」

「それでは聞くが、もしこのお方を手中に収めたなら、おぬしは何を得るのだ？」

「私たちの戦歴に、また一つ大いなる勲章が増えることになる」

「勲章…勲章を集めて、いったいなんになるのだ？」

「比類なき者としての証が、さらに積み重ねられることになる」

僕はヴェルキンがシーザーに話しかけながらシャーレーンの治療の時間を稼いでいることに気づいた。シャーレーンを見ると、治療は終わりに近づいている。僕も論戦に参加した。

「シーザー、君はもう十分に比類なき者だよ。みんな認めているじゃないか。それじゃ聞くけど、君が君のいうところの比類なき者になったら、次はどうするんだ？」

「ジョン、私たちは伝説になり、永遠のいのちを得るのだ」

「ケッ、ばからしい」

ゲトリクスが吐き捨てるように言った。シーザーはゲトリクスを鋭く睨みつけ、言った。

「志の低い者には、わかるまい」

（シーザー、あなたはまだ、学ばなければならないことがたくさんあるようですね）

唐突にシャーレーンの声が頭の中に響いた。いつの間にかシャーレーンの治療は終わり、静かにシーザーを見つめていた。

シーザーは周囲を見渡し、シャーレーンが言葉ではなく、心に直接話しかけていることを察知して驚きの表情をしたが、一瞬で気を取り直し、シャーレーンに向かって言った。

「不思議な力を持つ者よ。おとなしく我が軍門に下るがよい。そうすれば、お前の哀れな部下のいのちは救ってやる」

シャーレーンはその言葉には答えずに、春の小川のように優しく投げかけた。

（シーザー、あなたはいったいなぜ、そんなに傷ついているのですか？）

「傷ついている…？　私が？」

思いがけないシャーレーンの言葉に、シーザーは一瞬、混乱した。

（そうです。私たちを攻撃し、傷つけ、殺さなければ癒やされないほど、あなたはいったい何に傷ついているのですか？）

「何を言っている…？　傷ついているだと？　私は、何者によっても傷つけられることはない。そして、過去に傷ついたこともないし、未来も傷つくことはない」

（違います。全ての攻撃は、愛してほしいという心の声なのです。私には、あなたが助けを呼ぶ子犬にしか見えません。あなたは、自分でそれがわからないのですか？）

シャーレーンは優しく、諭すように話しかけた。

「な…なんだと…！」

その場にいる全員が、シャーレーンとシーザーの会話に聞き入っていた、まさにそのときだった。

ギャン！

鋭い悲鳴が響いた。

「シャーレーンさま、こちらへ！」

ヴェルキンが叫ぶ。見るとヴェルキンの足元に二匹の小隊長がうずくまっていた。小隊長と一緒に囲んでいた犬たちは浮き足立ち、ぽっかりと包囲網に穴があいていた。

シャーレーンは、そこに隙ができることをまるで知っていたかのように、素早く駆け抜けた。

21

隙をついて駆け出したシャーレーンの後にヴェルキン、僕、ゲトリクスも猛スピードで続く。僕たちは小隊長を失って統率を欠き、右往左往する集団を後に、一目散に包囲網を脱出した。おとりになっていた雌鹿も、この騒ぎに乗じてどこかへ逃げ去った。

僕はシャーレーンの足の速さに舌を巻いた。普段のゆっくりとした動きからは想像できない俊敏さだった。僕のトップギアでもやっと追いつけるほどのスピードだ。

さすがは白帝の妹……。

シーザーたち追っ手の吼える声が、あっという間に遠ざかっていく。

森を抜け、大きな岩がゴロゴロと転がっている間道を抜け、しばらく走った頃だろうか、後方の気配を感じなくなった。

逃げ切れたかな……。

そのとき、ふいにヴェルキンが立ち止まった。

ヴェルキンはまっすぐに続いている獣道を鋭く見つめた。その先の獣道は、小高く切り立った崖で両側を挟まれ、左右に逃げ道はなかった。

「ジョン、どう思う?」

そう、そこは絶好の待ち伏せポイントだった。僕がシーザーなら、この先に伏兵を忍ばせて待ち伏せをするだろう。

「うん、たぶん、いると思う」

「やはり、そうか……」

横を見ると、ゴツゴツした足場の悪い岩が広がる平地だ。僕たちは平気だけれど、シャーレーンの足では速く進むことができない。へたをすると足をくじいてしまう。僕たちがこっちに逃げても、シーザーはすぐに追いつくことができる。

さすがはシーザー、全て計画通りか…。

ヴェルキンが冷静に言った。

「シャーレーンさま、あの向こうにはおそらく伏兵がいると思われます。左右は崖で逃げられません。後ろからも追手が迫ってきています。あそこに入ったらまさに袋のネズミになります」

後ろからシーザーたち追っ手の鳴き声が近づいてきた。

「シャーレーンさま、ここはあの道に入らず、この岩場を西に抜けましょう」

ヴェルキンはそう言って、崖の手前の足元の悪いゴツゴツした岩場を指した。

(ヴェルキン、任せます)

「でも、この岩場じゃ速く進めないんじゃないですか？」

僕は聞いた。

「さよう、この岩場ではシャーレーンさまは速くは進めない。必ず追いつかれる。そこでだ、ゲトリクス」

ヴェルキンはそう言うと、ゲトリクスに意味ありげな視線を投げかけた。ゲトリクスはニヤリと笑った。

「任せろ、ヴェルキン。しんがりは男の勲章だ。じゃあな、また会おう。シャーレーンさま、お行きください」

（ゲトリクス…）

シャーレーンが珍しく躊躇するように話しかけようとすると、ゲトリクスが叫んだ。

「ジョン、シャーレーンさまを頼む！　早く！　ヴェルキンに続け！」

ゲトリクスはシーザーたち追っ手へ向かって、いま来た道を猛スピードで駆け戻っていった。

ヴェルキンは、ゲトリクスの後ろ姿をしばらく見た後に言った。

「シャーレーンさま、行きましょう。ジョン、行くぞ」

僕たちは崖の間の獣道に入らず、ゴツゴツした岩場を西の方角へ早足で進みはじめた。

幸い、この岩場には追手は隠れていないようだ。しかし、足元が悪く、速く進めない。僕たちはともかく、シャーレーンさまは足場が悪いと速く歩けないんだ。

くっ…このままでは追いつかれてしまうかもしれない。

ゲトリクス、頼む…時間を稼いでくれ！

「やっかいな敵です…」

マリウスが言った。

シーザー達の前にゲトリクスが仁王立ちしていた。左右は大きな岩で閉ざされ、道幅はやっと一匹が通れる程度しかなかった。その真ん中で四本の足を大きく踏みしめ、ゲトリクスがどっしりと立ち、残っている深紅に光る右目をランランと輝かせながら、シーザーたちを睨みつけていた。

「こやつを倒さない限り、先へは進むことができません」

マリウスが言うと、シーザーが歩み出てきた。

「片目の狼よ、なぜそうまでしてあの馬を守るのか？」

「ふん、自分以外に守るべきものを持たぬ、お前にはわからぬことよ」

ゲトリクスは静かに、そして確信に満ちて言った。

「愚かな選択だが、良い覚悟だ。それでは望み通り、貴様に死を与えよう」

シーザーはそう言うと、後方の部下たちへ目で合図を出した。すると、数匹の犬たちがゲトリクスに襲いかかった。ゲトリクスは飛びついてくる犬たちを振り払い、噛みつき、蹴り飛ばして、道の真ん中を死守した。

シーザーがまた合図をした。すると、また別の犬の集団が今度はゲトリクスの足をめがけて襲いかかった。足を噛まれたゲトリクスは、それでもひざを折らずに足に噛みついている犬たちに上から噛みつき、その痛さで口を離した犬たちを次々に遠くに放り投げていく。

シーザーがまた合図をした。

今度はマリウスを中心とした身体の大きな犬たちがゲトリクスに向かって突進してきた。ゲトリクスは四肢を踏ん張り、ズシッズシッとそれを身体全体で受け止め、先頭でぶつかってきたマリウスののど元にガブリと噛みつき、マリウスを身体ごとぶんぶんと振り回した。体当たりしてきた犬たちは、マリウスの身体ごと左右に吹き飛ばされていく。

シーザーは少し眉間にしわを寄せ、さらに合図をした。その合図とともに別の犬の集団が次々にゲトリクスに襲いかかっていく。

深手を負ったマリウスも立ち上がり、再び闘いに加わった。

一進一退の凄惨な闘いが続き、繰り広げられていく。ゲトリクスは、まさに赤い隻眼（せきがん）の鬼神だった。

しかし、しょせん一対多数の闘い、ゲトリクスは次第に疲れ、傷が深くなってきた。シーザーの合図とともに、別の元気な犬の集団が入れ替わり立ち替わり　ゲトリクスに襲いかかっていく。

「ま…まだだ…まだだ…」

ゲトリクスはぶつぶつとつぶやきながら、懸命に闘っていた。すると不意にゲトリクスの後方から、別の犬たちの鳴き声が響き、近づいてきた。

(…待ち伏せしていたやつらが…こっちへ戻ってきやがった。良かったぜ…シャーレーンさまを見失ったんだな…)

待ち伏せに失敗した伏兵の犬たちが、騒ぎを聞きつけて戻ってきたのだった。これで、ゲトリクスは前後を完全に囲まれてしまった。

「待て！」

シーザーの低く冷静な声が響いた。ゲトリクスに襲いかかっていた犬たちが、いったん、後ろに下がった。

「片目の狼よ。お前はよく戦った。お前もわかっているように、お前は完全に包囲された。この先の闘いの結果は明らかだ。観念して我が軍門に下らぬか」

シーザーは、ゲトリクスに惜しそうな視線を投げかけた。

自らの血と返り血で白い身体を深紅に染めたゲトリクスが、ダラリと力の抜けた犬をくわえていた口をパッと開いて放すと、犬は力なく地面に横たわった。ゲトリクスは血を滴らせた口で、鬼神のように楽しそうに笑った。

「ははは…おい黒いの、誰に向かってモノを言ってる？　俺さまはゲトリクスさまだぞ。俺さまが従うのは俺さま自身だ！　我、我以外に従うものなし！」

「惜しいかな、強き者よ。しかたがない、せめてもの情けだ。苦しみは少なくしてやろう」

シーザーはそう言うと、電光石火の速さでゲトリクスののど元に噛みついた。それを見ていた他の犬たちも、一斉に前後からゲトリクスに襲いかかった。

ゲトリクスの立っていた場所は、あっという間に無数の犬たちで真っ黒になった。


その頃、僕たちは足元の悪い岩場をなんとか抜け、森の中を大きく迂回して隠れ家に向かって走っていた。

「ヴェルキン、ゲトリクスは大丈夫だろうか？」

「わからぬ。しかし、ゲトリクスがいのちを懸けて作った時間によって、我らは助かったのだ」

ヴェルキンはぐっと前を見据えた。

シャーレーンは無言で走っていた。シャーレーンの能力から考えると、もうゲトリクスの安否はわかっていてもおかしくなかった。

もしかすると…。

いや、あのゲトリクスのことだ、きっとなんとかするに違いない…。

僕は不吉な想像を振り払うように、かぶりを振って走り続けた。

22

その日の夕方、シーザーはシャーレーンの捕獲作戦の失敗報告を苦々しく聞いていた。

「そうか、うまくまかれたか」

「はっ。途中で何度も川に入った模様で、匂いも途絶えてしまいました」

「わかった。下がって良い」

「はっ」

シーザーはしばらく上空を見上げていたが、ふと何かを思い出したように歩きはじめた。

しばらく歩いて立ち止まり、おもむろに顔を下に向けた。シーザーの視線の先、そこには真っ白な身体を自身の血と返り血で赤黒く染め上げ、力なく横たわっているゲトリクスの姿があった。

「片目の狼よ。今回はお前にやられたようだ。お前の主人は逃げおおせたようだ」

一見死んだように見えたゲトリクスは、驚いたことにうっすらと片目を開け、息も絶え絶えになりながら口を開いた。

「あ…当たり前だ。ふ、ふん…ざ、ざまあみろ」

ゲトリクスはニヤリと笑った。

「なぜ、お前は笑っているのか？　もうすぐ死ぬというのに」

「お、俺は満足しているからさ。黒いの…お…お前には、わかるまい」

「満足？　我々に敗北しいのちを奪われるのに、満足しているだと？」

「ああ…俺は一生懸命やった。俺は全力を尽くした。後は残った仲間がなんとかしてくれる。お…俺は、俺に満足しているのだ。だから笑ってるのさ」

「ふん、お前は逃げているのだ。我々との闘いに敗れ死んでいくという結果から、安っぽい自己満足の世界に逃げ込んでいるのだ」

ゲトリクスは、虚空を漂わせていた視線をシーザーにはっきりと向けた。

「ほう、お…俺に言わせると、お前こそ、に…逃げている」

「何？　私が何から逃げているのだ？」

「お…お前は逃げているんだ。『自分自身』から逃げている」

「なんだと？」

「せ…せっかくこの世に生を受け、ありとあらゆることを、することができる…自由と…力と…機会があるのに…、人間たちにコキ使われ…狩りをするという役割のみに…しがみついている」

途切れ途切れにそこまで言ってから、ゲトリクスは大きく息を吸い込み、さらに言葉を区切って続けた。

「お…お前は、役割だけに生きること…それ以外の自分の可能性を否定することで、自分の中にあるほんとうの自分の声、魂の声から逃げているんだ」

「何を、ばかなことを…」

「そ…そんなお前を、お…俺はほんとうに哀れに思うぜ」

「何を言う。哀れなのはお前のほうだ。私たちはお前を殺す。無慈悲に殺す。躊躇なく殺す。なぜならば、我々のほうがお前より優れているからだ」

「ふ…ふん、哀れなやつだ…ま、まだ…そんなことを言っているのか…。こ、この世界に、優れているも、劣っているもない。みんな同じだ。お、俺がここで死ぬのは、俺自身が、それを選択したからだ…。俺は、俺の意志によって死ぬのだ。俺は俺の魂の声に従って、死ぬのだ」

「お前の言葉こそ、まさに負け犬の遠吠えだ。いずれ、お前の主人も必ず私がしとめる。お前の死は、犬死以外の何ものでもない」

「お、おい、黒いの、お前はつくづく哀れなやつだ。死は誰にでも訪れる。俺たちが、死ぬときに問われること、死ぬときに、逆に大いなるものから問われること…そ、それが何だか知っているか？」

「……」

「ほ…ほんとうに大事なことは〝どう生きたか？〟なのだ…。死ぬとき、それはその者の〝存在〟が、まさに、問われるときなのだ。何を持っていようと、どんな地位にいようと、どんな実績や勲章や証があろうと、そんなものはいっさい関係ない。あっちの世界には、そんなガラクタは持ってはいけないのだ。死ぬときに問われるのは、『どう生きたのか？　どういう存在であったのか？』そ…それだけだ」

「……」

「お、俺はどんなときも〝俺らしく〟生きた。お…俺は俺として〝ほんとうに大切だと思っていること〟をほんとうに大切に生きた。ほんとうの自分を生きたのさ。わ…若い頃はそうじゃなかったが…いまは…そうだ。それだけで、お、俺は十分だ」

「減らず口を…」

「く…黒いの、お前は、とてつもない大きなことを、勘違いしている。お…俺は親切だから、冥途の置き土産に、教えてやろう」

「勘違いだと？」

「そうだ。大いなる勘違いだ。お前は、に…肉体からいのちを奪うことが、勝利だと思っている。しかし、肉体は存在の一部にしかすぎないのだ。肉体を破壊しても、魂までは破壊できない。そう、魂は死なないのだ。つ…つまり、お前は誰にも勝利していなかったってことだ。お笑い草だ。ははは。残念だったな。いままでのお前の努力は全て勘違いの無駄骨だったのだ。ははは」

「な、なんだと！　屁理屈を…」

「わからんか？　そ、それじゃ、お前好みに言い換えてやろう。お前は、お…俺の肉体の機能を停止させることはできる。しかし、俺の魂までは、奪うことはできない。た…魂は、誰にも奪うことはできないし、奪われることもない。つまり、し…真実の世界では、勝敗も優劣も、そんなものはどこにもない、全てお前のエゴが創り出したちっぽけな幻想だってことさ」

「そんな話、私は信じぬ」

「お前もじき、俺の言っていることがわかるだろう。そ…そろそろ時間が来たようだ。最後のお前との話、た…楽しかったぜ。さ…さらばだ。向こうで待ってるぜ」

ゲトリクスは目をつぶった。その直後、人間たちがどやどやと歩いてきた。そしてシーザーの前で横たわっているゲトリクスを見て言った。

「おお、この狼か。白い狼とは珍しいが…それにしてもずいぶん毛皮に傷をつけたな、まったく…。シーザーもしょせんは犬だってことか。毛皮の価値をわかってない。まあ、犬に理解しろと言うのも無理な話だがな」

人間はそう言い終わると、ゲトリクスの胸に無造作にズドンと銃弾を撃ち込んだ。ゲドリクスは満足した笑みを浮かべ、息絶えた。

人間は振り向いてシーザーに言った。

「シーザー、今回はお前らしくなかったな。多くの犬を失った。これじゃ次の狩りができんじゃないか。ひどい怪我を負ったやつは面倒だから、明日の朝に処分する」

人間はきびすを返して、キャンプに向かって去って行った。

シーザーは、人間の言った言葉の意味を即座に理解した。シーザーのご主人さまは、昨日まで仲間だった犬たちを面倒だから撃ち殺すというのだ。こういうことは以前にもごくまれにあったが、今回はかなりの数がその対象になる。

シーザーは、混乱した。
我々と人間は、対等のパートナーではなかったのか?
我々は、人間の手を借りず、いままで散々多くの強敵を倒してきたではないか…。
我々だけであれだけの獲物を狩り、戦果を上げてきたではないか…。
人間たちは何もせずに、我々の戦果を享受していただけではないか…。
全て、我々が成し遂げた戦果、勲章、証ではないのか…?
なのに…。
なのに…。
我々は、こんなにも簡単に捨てられ、殺される程度の存在だったのか…。
我々とは…。
いったい、何なんだ?
こんなに小さき存在だったのか?
これでは、我々が狩ってきた獲物と同じ…ではないか…。
うそだ…。
こんなことはありえない。
ゲトリクスの声が脳裏に響く。

「お前は、人間たちにコキ使われ、狩りをするという役割に、しがみついている」

コキ使われている…だと？

しがみついている…だと？

私が？

「お前は逃げているんだ。『自分自身』から逃げている…」

逃げている…だと？

私が？

シーザーは、光を失って虚空を見つめるゲトリクスの赤い目を見つめた。そしてふと、ジョンの言葉を思い出した。

「僕たちの本質は自由だ。僕たちは人間に飼われ、人間に尽くすために生まれてきたわけじゃない…」

本質は、自由…。

シーザーは、その言葉を振り払うように頭をブルブルッと振って、すっくと立ち上がると、重傷者が集められている場所に向かって歩きはじめた。

23

いつもの隠れ場所に戻った僕たちは、沈んだ気持ちでまんじりともせずに座っていた。

「ゲトリクスは…無事ですよね」

僕は確かめるようにシャーレーンに聞いてみた。一瞬、空を見上げたシャーレーンはすぐに目を閉じた。

（ゲトリクスは…残念ながら、もう私たちが知っているあの形ではなくなりました）

僕の心の中に、シャーレーンの声が響いてきた。

「それって、死んだってことですか？」

（残念ながら…そうです）

シャーレーンはそう言って静かに目をつぶったまま、うつむいた。僕はしばらくうつむいていたけれど、だんだんと気持ちを抑えられなくなって、少し強い口調でヴェルキンに言った。

「でも、ヴェルキン、ゲトリクスはまた会おう！　って言ってたじゃないですか」

「うむ、確かに、言った。しかし、あの言葉の意味は、この肉体を失った後の、あちらの世界での再会の約束なのだ」

「それじゃ、ヴェルキン、あなたはこうなることが、はじめからわかっていたんですか？」

「ああ、おそらくこうなるだろうと思っていた」

「それじゃ、なんでその役目を、僕に言ってくれなかったのですか？　僕はここから、いずれいなくなる身です。言わばここにいなくてもいい存在です。いままでもいなかったし。シャーレーンさまを守護する役目は、僕よりもあなたたちふたりが必要でした」

シャーレーンが即座に答えた。

（いいえ、ジョン、あなたはあなた自身の別の役目があるのです。あなたはここで死んではいけません。あなたはあなた自身を生きねばならぬのです。ゲトリクスの代わりを生きることが、あなたのするべきことではありません）

「僕にはわかりません。ゲトリクスがあそこで死に、あなたの兄を殺した僕が、ここでこうやって生きていることが理解できません。僕よりも、ゲトリクスのほうが生きるべきだったのです」

（どちらが生きるべきで、どちらが死ぬべき、などということはありません。全てはその者自身の魂の声が導くことなのです）

「でも、どう考えても、あなたの兄を殺した僕よりも、あなたを守っていたゲトリクスのほうが、生きる価値があると思います！」

「それは違うぞ、ジョン」

ヴェルキンは、その蒼い目で静かに僕を見た。

「我々には、三つの生きる価値がある」

「三つの価値？」

「そうだ。三つの価値だ。一つは『創造』するという価値だ。自分の行為によって何かを創り上げる。君の場合はガルドスや白帝を倒した実績自体、ある意味ではこの『創造』価値なのだ」

「でも、あれは何かを創ったんじゃなくて…」

「いいや。自らの行動によって、何かを成し遂げるという価値だ。だから、そういう意味での『創造』価値なのだ」

創造する価値…か。

ヴェルキンは続けた。

「二つ目は『体験』する価値だ。君が自由になったとき、何を感じた？　森を感じ、木々を感じ、太陽、そして世界を感じなかったか？」

僕はご主人さまの家を飛び出して感じた森や木々、そよ風や草の匂い…ベレン山やアマナ平原の壮大な夕日と大自然の交響楽…神秘に包まれたルーンの湖…それらに包まれ、とてつもない幸福感と一体感を感じたことを思い出した。

「そうだ。それらとまさに一体になったとき、魂の底から、生きている喜びを感じなかったか？　それが『体験』する価値だ」

あれが『体験』する価値…

確かに、あのとき、生きていて良かった！　って心から感じたっけ。

「最後の三つ目は『態度』による価値だ」

「『態度』による価値？」

「そうだ。『態度』による価値だ。**どういう場面においても、自分の魂の声を聴き、その声に従って誇り高く、愛に満ちた自分でいること。『これが私だ』という私で在る（Being）こと。それが『態度』による価値だ**」

ヴェルキンは静かで、そして確信に満ちていた。

『態度』による価値…。

「たとえ『創造』することができなくなっても、たとえ『体験』することができなくなっても、最後の瞬間まで高めることができる普遍の価値、これが『態度』による価値なのだ。ゲトリクスはこの『態度』による価値を最後まで貫き、あいつなりに最高の領域にまで高めたのだ」

「……」

「したがって、ゲトリクスのあの行動、そしてその結果を認めないということは、あいつの『態度』による価値を認めないということと、同じ意味なのだ。それは悲しいことだ」

「……」

「ガルドスや白帝も同じだったであろう。この態度、姿勢、生き様そのものが、自分自身を最も価値のある、崇高で聖なる領域にまで高めていくものなのだ」

「……」

しばらくの沈黙の後、シャーレーンが僕に言った。

（ジョン、自分の魂の声を聴き、その声の導きに勇気を持って進んでいくことです。自らを導く灯（ともしび）は、身体や自我の声ではなく、魂の声なのです）

「そういうことだ」

（いまはゲトリクスの「魂」に、感謝の祈りをささげましょう）

僕たちは静かに目をつぶり、ゲトリクスの魂に祈りをささげた。

ゲトリクス、ありがとう。ほんとうにありがとう。
君はちょっと乱暴だったけど、最高に楽しくてカッコいいヤツだったよ。
向こうの世界に行っても、君らしく豪快に…君らしく元気に…。
僕たちが祈り終わったとき、シャーレーンがおもむろに顔を上げ、静かに言った。
（私は、行かなくては）

第7章　最後の闘い——すべてはひとつ

シーザーは深手を負った部下たちの前で静かに座っていた。彼らは明日の朝には撃ち殺されてしまう。シーザーは、最期の瞬間まで彼らとともに過ごすことを選択したのだった。

「司令官…いや、シーザー…」

マリウスだった。

「マリウス…」

マリウスは、乾いた血にまみれながら力なく頭を上げた。

「シーザー、俺たちは殺されるのか？」

「ああ…残念だが、ご主人はそうするようだ」

シーザーはうつむき、マリウスから目をそらせた。

「シーザー、助けてくれ。俺は死にたくないんだ。子どもの頃から一緒だったろう？　お願いだ、助けてくれ」

「……」

「ちょっと怪我をして十分に働けないからって、なんで殺されなきゃいけないんだ？　時間があれば治るんだ。俺が何をしたというんだ？」

「……」

「俺は十分、お前を助けてきただろう？　シーザー…俺たち、兄弟じゃないか？」

「マリウス…いや、兄さん…。すまない、兄さんも知っている通り、こういうときのご主人の命令は絶対なんだ」

「そんなことを言わないで助けてくれ！　シーザー、お前は『皇帝』だろう？　お前は俺の弟だろう？　兄貴を殺すのか？　いやだ、死にたくない！　シーザー!!　助けてくれ!!」

その声に刺激されて、大怪我をした犬たちが、悲しそうに遠吠えを始めた。

ウォ～ン…ウォ～ン…。

シーザーの心は張り裂けそうだった。

その悲しげな声を聞きつけたのだろうか、人間が一人キャンプから歩いてきた。

「うるさい！　この役立たずの犬どもめ！」

そう言うなり、猟銃を漆黒の夜空に向けて発砲した。

バーン‼

静かな森に銃声が響き渡った。犬たちはおびえて口を閉ざした。人間はシーザーを見つけると、怒りを隠さずにずかずかと近づいてきた。

「シーザー、これはお前の責任だ。お前のせいだ！　まったく、今回は大損だ！」

猟銃を振り上げ、シーザーの頭をガツンと殴りつけた。シーザーは避けようと思えば簡単に避けられたが、微動だにせず殴られた。それがせめてもの自らへの罰のように感じたからだ。

シーザーは右目の上からうっすらと血を流しながらも、人間をじっと見つめた。その視線に気圧されたように人間は言った。

「気味の悪い犬め、何を考えてやがる…お前は役に立つから、殺さないでおいているんだぞ」

言葉を吐き捨て、キャンプに帰って行った。後に残ったシーザーはマリウスや残っている仲間の犬たちに言った。

「すまない。ほんとうにすまない。これは私の責任、私の作戦ミスだ。謝ってすむことではないが、ほんとうにすまない」

マリウスや他の怪我をした犬たちは、頭を下げるシーザーに言った。

「司令官、いや、シーザー。そんなに謝らないでくれ。俺たちはあんたの下で働けたことを誇りに思ってるんだ」

「そうだ、シーザー、あんたは俺たちの誇りなんだ」

「司令官のおかげで、俺たちは伝説になれたんだから」

「みんな…」

シーザーは頭を上げ、犬たちを見回した。乾いて赤黒くなった血を身体中にこびりつかせ、息も絶え絶えになっている仲間たち…ぐったりと地面に横たわり、死を待つ仲間たち…。

シーザーの脳裏に、この仲間たちとともにくぐってきた数々の冒険や修羅場が、走馬灯のように浮かび上がってきた。マリウスも静かに言った。

「シーザー、すまなかった。取り乱してしまったよ。でも、一つ頼みがある」

「なんだ？」

「俺たちのことを、決して、決して忘れないでほしい…」

「忘れるものか…マリウス、みんな…お前たちのことは死ぬまで忘れはしない。お前たちは…私にとっても誇りなのだ」

シーザーの胸から熱いものが湧き上がり、涙が流れ出した。

「絶対に、お前たちのかたきを取ることを約束する。残りの者は一匹残らず、必ず討ち取る」

「シーザー…」

マリウスや仲間たちの目からも涙が溢れていた。

シーザーが涙にうるんだ目で見渡すと、いつの間にか、シーザーの軍団全ての犬たちが、そこに集まっていた。

「みんな…ありがとう…ほんとうにすまない…」


東の空がだんだんと明るくなってきた。もうじき夜明けだ。

シーザーはふと顔を上げ、泣き疲れて眠ってしまった仲間たちを眺めた。この仲間たちで朝を迎えるのは今日が最後だ。シーザーはこれから殺されてしまう仲間の犬たちの顔を、一匹ずつ脳裏に刷り込ませるように見て回った。

お前たちのことは、決して、決して、忘れはしない…。

そのとき、ふと集団の奥の茂みに何か動くものを感じ、視線を向けた。

なんだ？

「ジョン！」


そこに、僕が立っていた。

「しっ、静かに！　シーザー！」

僕は声を落として、シーザーに言った。

シーザーは、僕を睨んだ。

「ジョン、なぜお前がここにいる？　私を笑いにきたのか？」

「シーザー、僕だって、ここがすごく危険な場所だということはわかる」

「じゃあ、なぜここに来たのだ？」

「シャーレーンさまがここに来ると言って、聞かないんだよ」

「なんだと…？」

「彼女はね…とっても頑固なんだ」

僕は少し笑みを浮かべ、後ろを振り向いた。

シーザーが僕の視線の先を追うと、白銀に輝く見事な馬と白い狼が、静かに茂みから姿を現した。

「お…お前は！　なんの用だ！」

シーザーは表情をいっそう険しくして、シャーレーンに問いかけた。

シャーレーンはそれに答えずに、その場にいる全ての者の心に語りかけた。

（私はこれから、あなたたち全てを癒やします。よろしいですね？）

シーザーが、驚愕の表情で聞き返した。

「なぜだ？　私たちはお前たちを殺そうとしたんだぞ。現に片目の狼は我々が殺した。なぜ、そんなことをするのだ？」

（それが、私の役目だからです）

「役目だと？　役目とはなんだ？　なぜこんなことをするのだ？　我々は敵だぞ！」

シーザーは、攻撃的な視線をシャーレーンに投げつけながら聞き返した。

シャーレーンは静かにゆっくりと、しかし確信に満ちた表情で答えた。

（私たちには敵も味方もありません。私はあなたであり、あなたは私なのです。あなたたちの傷は、私の傷なのです。あなたたちの苦しみは、私の苦しみなのです）

「何を言っているのだ？　理解不能だ。そんなことをしたら我々はまたお前たちを狙うぞ、そして追い詰め、殺すぞ」

（かまいません！）

シャーレーンは毅然と答え、目をつぶった。すると、シャーレーンの身体の輝きがどんどん強くなっていった。不思議な光が、傷を負って横たわっている犬たち全てを包み込みはじめた。シーザーは目を大きく見開いて、成り行きをじっと見つめている。

シャーレーンの光は治療する犬の数が多いせいだろうか、僕がいままで見た光よりも何倍も大きく、とてつもない輝きを放っていた。光がどんどん、さらに大きく強くなってくる。

シーザーはシャーレーンの光を、吸い込まれるように見ていた。

よし、うまくいきそうだ…。

そう思ったとき、少し離れた場所から人間の叫び声がした。

「な…なんだ、あの光は！」

まずい！

人間に見つかった！

僕が声のほうをさっと振り向くと、寝巻き姿の人間が驚いた表情でこちらを見ていた。

しばらく寝ぼけた表情で光を見ていた人間は、はっと気づいたように叫んだ。

「あっ！　あの馬だ！」

そして、転がるようにあわててテントの中に駆け込んでいった。

まずい！

「ジョン！　シャーレーンさまをたのむ！」

ヴェルキンはすれ違いざまに僕にそう言うと、人間が入っていったテントの中に突っ込んだ。

「ぎゃあ！　狼だ！　助けてくれ！」

大きな悲鳴が静かな森に響いた。別のテントからあわてた人間たちが、寝巻き姿のまま銃を片手に続々と現れ、ヴェルキンが突入したテントを囲んだ。

ヴェルキンが起こしたこの騒ぎで、シャーレーンはまだ見つかっていないようだ。

早く…早く…！

僕はシャーレーンのそばに立ち、人間たちの動きを注意深く監視した。シーザーは立ち上がり、首をまっすぐに立てて人間たちのほうを見ている。しかし、人間を呼ぼうとはしなかった。

人間の一人が、ついにこちらに気づいた。

「なんだ、あれは！　馬、例の馬がいるぞ!!」

人間たちが、一斉にこちらを振り向いた。

まずいっ！

見つかった！

シャーレーンの治療はもう少し時間がかかりそうだ。

人間たちは口々に汚い言葉を吐きながら、ヴェルキンのいるテントから続々とこちらに近づいてくる。その人数は全員で五人。皆、銃を持っている。シャーレーンは治療中で動けない。

どうする？

どうする？

このままでは、シャーレーンが撃ち殺されてしまう！

「第一小隊、右から順に当たれ！　足と銃を狙え」

唐突にシーザーの声が響いた。その場にいた数匹の犬たちがそれぞれ一糸乱れぬ動きで人間たちに向かって走っていく。

「次、第二小隊行け」

シーザーが冷静に指示を出す。

「うわっ！　なんだ、この犬たち！」

犬たちは牙をむき出して、人間の足や腕に噛みついていく。

「やめろ！　いてえ！」

「くそっ！　この犬どもが！」


バーン！


銃声が静かな朝の森に響いたが、あわてて撃ったのだろう、弾は誰にも命中しなかった。

シーザー！

シーザーと視線が合った。シーザーは軽くうなずくと、また何かを探すように注意深く周囲を見渡した。

ガサガサッ！

治療中のシャーレーンの背後で、突然茂みが動いた。

誰かいる!!

茂みから人間が銃を構えて姿を現した。銃身はまっすぐシャーレーンを狙っている。

まずい！　間に合わない！
そう思った瞬間、僕の目の前を黒い影が横切った。

バーン！

銃声が響き渡った。
やられた!!
光を放っているシャーレーンを振り返ると、なんと、無事だ！
なぜ？　あの銃身は確実にシャーレーンをとらえていたはずなのに！
シャーレーンの前に、黒い影がうずくまっていた。
シーザー!!
シーザーがシャーレーンの身代わりに銃弾を受けたのか!?
シーザーは口から血を滴らせながら叫んだ。
「ジョン！　気を抜くな！　あいつから銃を奪え！」
「任せろ!!」
僕は人間に向かって突進し、足に噛みついた。

「いてえっ！　このクソ犬が‼」
銃弾を込める時間がなかったのか、人間は僕に向かって銃を振りかぶった。
僕の脳天に銃身が振り下ろされた。
ガツン‼
目から火花が散り、僕は地面に転がった。
朦朧とする意識の中、シャーレーンの姿が浮かぶ。
シャーレーンの…春のそよ風のような声…。
シャーレーンの…慈愛に満ちた目…。
シャーレーンの…ほほ笑み…。
シャーレーンの…さっそうと走る美しい姿…。

させない！
させない！
させるものか！

やらせない！

やらせない！

僕が、やらせない！

やらせるものか!!

僕は歯を食いしばって、フラフラと立ち上がった。

人間は銃を構えると、僕に向けた。

「まずはお前から撃ち殺してやる！」

パーン！

引き金を引く瞬間、シーザーが人間の足に噛みついた。弾丸は空中に飛んでいった。

「いっ、いってえっ！」

人間は怪我をしたシーザーを乱暴に蹴飛ばした。シーザーは血をまき散らしながら転がった。

僕がここぞとばかりに人間の腕に噛みつくと、人間は猟銃を落とした。

「ぎゃっ、くそう!!」

人間は僕を振り払おうと、腕をぶるぶると振り回した。

放すものか！

放すものか！

僕の牙が、人間の腕に深く食い込んでいく。

「ぐぐっ…この、クソ犬め！」

人間は懐から短銃を取り出し、僕の胸に発砲した。


バン！


胸の中が爆発したように熱くなった。

放さないぞ！

放さないぞ！

絶対に、放さないぞ！

僕は呪文のように心の中で叫び続ける。

やらせない！

やらせない！

やらせるものか!!

守る！

守る！

絶対に、守る!!

守るんだ!!

「これで終わりだ!!」

人間は短銃を構え直すと、僕の眉間に突き付けた。シーザーがまた人間の足に噛みついた。


バン！


シーザーに噛まれて照準が外れたのか、僕の右耳がちぎれて吹っ飛んだ。

「こ…こいつ！」

人間はシーザーを蹴り飛ばすと、もう一度、僕の胸に銃口を突き付け、叫んだ。

「死ね！」

鼓膜が破れそうな銃声とともに、きな臭い火薬の匂い、そして焼けるような痛みが身体を貫通した。胸から、熱いものがどくどくと流れ出していく。しかし、僕の牙はいっそう深く人間の腕に食い込んでいく……。

は……放すものか……。

死んでも、放すものか……。

だんだんと、意識が遠ざかってきた。

このまま死ぬのか……。

うん、悪くない一生だった……。

僕は……満足だ……。

次の瞬間、とてつもない轟音と咆哮が響き、大地が震えた。森の木々が巨大な暴風に吹き飛ばされ、風がまき上がる風景を遠ざかる視界の隅にとらえ、僕は真っ暗になった。

25

ふと気づくと、僕は美しい草原の中を歩いていた。

あれ？　おかしいな？

さっきまで森にいて……そうだ！

シャーレーンさまはどうなったんだ？

キョロキョロと周囲を見渡したけれど、誰もいなかった。周囲に広がる明るい緑の草たちは、それぞれがいのちを謳歌しているように光り輝いていた。

うわ〜っ、きれいだな〜。

いけない、いけない…ここは、どこだ？

ふと見ると、小高い丘の向こう側に美しいお花畑が広がっていた。

うわ〜っ…！

なんてきれいなんだろう…まるで、天国みたいだ…。

ん？

…天国？

僕は思わず立ち止まって、自分の言った言葉を振り返った。

ここは…天国？　じゃあ、やっぱり、僕は、死んだ？

あわててまた、周囲を見渡す。

でも、僕はここにこうして立ってるぞ？

僕は地面に立っている自分の足を見つめた。確かに、僕の足は美しい草の上にしっかりと立っていた。

よくわからないけど、あっちに行ってみよう。

お花畑の中を歩く。赤や黄色、オレンジや紫色の美しい花々が丘を埋め尽くし、濃密で心地よい香りを漂わせている。草たちは適度に湿っていて、足の裏が心地いい。

なんだかわからないけど、ここが天国じゃなかったら、みんなに教えてあげなくっちゃ。

しばらく歩くと、遠くに小川が見えてきた。

川だ！　行ってみよう！

川が近づくにつれ、せせらぎの音、新鮮な水の香りが僕を包みはじめた。

川に着くとジャバジャバと浅瀬に入った。水はほどほどの冷たさで、とっても心地よかった。

のどが渇いたな〜。

川の水を、ごくごくと飲んでみる。

おいしい〜！

その水はいままで飲んだことのないほど、おいしい水だった。まるで身体の細胞一つ一つに、温かな太陽と宇宙のエネルギーがしみ込んでいくみたいだった。

なんておいしい水なんだろう。

顔を上げ、周囲を見渡した。すると向こう岸に何か動く影が目に入った。

誰かいる！

僕はその影が見えたほうへ走り出した。

川はだんだんと深くなってきて、足が届かなくなりそうだ。

泳いでいくしかなさそうだな…。

そう思ったとき、向こう岸から声が響いた。

「こっちへ来るな、ジョン！」

温かく、懐かしい声が響いた。あわてて声のほうを見ると、狼が立っていた。

あっ、ダルシャ！

あれはダルシャだ！　間違いない！

「ジョン、来るな、こっちに来ちゃいけない。すぐ、自分のいた岸に戻るんだ」

「ダルシャ！　ダルシャじゃないか！」

僕はダルシャに言われた通り、自分がいた岸に戻った。

「ダルシャ、あれからいろんなことがあったんだ、君に話したいことがいっぱいあるんだ」

ダルシャは優しくほほ笑み、満足したように言った。

「ジョン、みんな見てたよ。お前さんのことは、全部こっちから見てたさ」

「こっち？」

「ああ、こっち側さ。お前さんも聞いたことがあるだろう？　この川が例の有名な〝三途の川〟さ。これを越えてこっちにきたら、もうそっち側には戻れなくなるんだ」

「じゃあ、僕は死んだってこと？」

「ああ、そうだな。半分死んでて、半分生きている状態かな？」

「ずいぶん、中途半端なとこにいるんだね、僕は」

「ああそうだな、ずいぶんと中途半端だ」

ダルシャはそう言って、ははははと笑った。

「ジョン、お前さんはまだこっちに来ちゃいけない。まだやることがあるだろう？」

「いや、でも僕はすぐにでもそっちに行きたいと思ってるんだけど…」

「ジョン、お前さんの魂の声は、それでいいって言っているのかい？」

「魂の声…」

「お前さんの魂は〝もう、いい、もう十分…〟って言ってるかい？」

僕は顔を上げ、きれいな大空に視線を投げかけながら、自分の魂に問いかけた。

魂よ…魂よ…。

すると不思議なことにすぐに返事があった。それもとっても明快だった。

（これからだよ）

これから？

（そう、これからさ。死ぬことならいつでもできる。せっかく身体といのちを持ってこの世界に顕現（けんげん）しているんだから、もっともっと生きなくちゃもったいないじゃないか。いろんな体験をして、いろんなことを学んで、この世界と自分自身を体験し尽くしたいんだよ！　それが僕の生まれた意味なんだよ！）

「ジョン、お前さんの魂の声は聴こえたかい？」

「ああ、聴こえた。しっかりと聴こえたよ」

「そいつは良かった。魂の声が聴こえれば安心だ」

「ダルシャ…」

「おっと、待った。話はお前さんがこっちに来てから十分にできる。なんせ、こっちには時間ってもんがないからな。知り合いもいっぱいいるし」

ダルシャは後ろを振り向いた。ダルシャの視線の先を追うと、森の中から知った顔が続々と出てきた。

「ゲトリクス！」

「よぉ～。ジョン。ありがとうな。俺は元気さ。この通りだ」

ゲトリクスは不敵に笑いながら言った。よく見ると、左目がある。

「ゲトリクス！　左目がある！」

「はっはっは！」

ゲトリクスは豪快に笑った。

「ああ、その通りさ。片目だと何かと不自由だしな。それにこのほうが男前だろ。シャーレーンさまとヴェルキンの野郎によろしく言っといてくれ」

ゲトリクスの後ろには、白銀に輝く大きな馬が立っていた。

「白帝！」

「ジョン、お前とこのような話ができてうれしいぞ。積もる話は、お前がこちらに来てからにしよう。とりあえず、妹によろしく言っておいてくれ」

白帝はそう言ってほほ笑んだ。その横には岩のような大きなイノシシが立っていた。

「ガルドス！」

ガルドスは低く響き渡るような声で言った。

「ジョン、俺はこうなるとは思っていなかったが…うれしいぞ。ほんとうにうれしいぞ。機会があったら、オヤジやアンガスによろしく伝えてくれ」

「コウザとアンガスには世話になったんだ」

「そうか、それは良かった」

「白帝…ガルドス…あのときは…ほんとうにすまないことをした」

「そっちの世界のことはもう終わったことだ。気にするな」

ガルドスが答えた。

「でも…」

僕の迷いに応えるように、白帝が口を開いた。

「全ては必然。お前の住んでいる世界の出来事は、全てお互いの魂の計画なのだ。全ては体験による学びと遊びだ。私たちはお互いの芝居の演目を演じる役者同士なのだよ。だから、そちらの世界にいるときは、その芝居を楽しむことだ。私は十分に楽しんだから、なんの悔いもない」

「俺もだ」

ガルドスが続いた。

「しかし…」

ガルドスが僕に言った。

「お前は俺に『選択』を学ぶ機会を与えたのだ。魂の声を聞き、その声に従って行動するか否かの『選択』の機会を。お前のおかげで俺は魂の声に従い、自分という存在を高める経験とはどのようなものかを、体験できたという訳だ」

「でも……」

「ふっ、強情なヤツめ。では、この言葉をお前に与えよう。よく聞け、ジョン」

僕は、はっとしてガルドスを見た。

「俺は、お前をゆるす。お前が俺にしたことを全て、ゆるそう」

白帝も言った。

「私もお前をゆるそう。お前が私に与えたこと、全てをゆるそう」

「ゆるす……」

「ジョン、お前は私たちの兄弟なのだ。我々は仲間なのだよ。魂の仲間なのだ。それを思い出すのだ」

「そう、仲間だ」

ガルドスとダルシャも声をそろえた。

僕の胸が、か～っと熱くなった。目から大粒の涙がぽろぽろと流れ落ちた。心の奥で魂が、そうだ！　そうだ！　思い出したよ！　と叫んでいた。

「その涙とともに、自分を責める罪悪感を洗い流すとよい。罪悪感は無意味だ」

白帝が言うと、ゲトリクスが続いた。

「罪悪感なんて、クソだぜ。なんの役にも立ちゃしねえ」

ダルシャが僕を温かな目で見ていた。

ひとしきり涙が流れたら、不思議とすっきりとした気持ちになった。

「みんな、ありがとう！　僕は僕の世界に戻るよ。みんなとは、また会えるから」

対岸のみんなが優しくうなずいた。

「それじゃ、また、会おう」

するとその瞬間、まるで大波に飲み込まれたように周囲の景色がぐるぐると回りはじめた。ダルシャやゲトリクスたちが…川が…花畑が…草原が…そして、虹のような美しい光の輪の中をぐんぐんと猛スピードで突き抜けていく。

うわっ〜！

次の瞬間、ぼんやりと目を開けると、心配そうなヴェルキンの顔が飛び込んできた。

「おっ、目を開けたぞ」

26

「こ…ここは…？」

「大丈夫だ。人間は誰一人、いなくなった」

「僕は…死んだのでは？」

「撃たれたお前をシャーレーンさまが癒やしてくださったのだ。危なかった。ギリギリだった。あやうく死ぬところだったぞ」

「そうなんだ…」

「しかし…残念ながら…」

「えっ？　残念？」

「右耳は戻らなかった」

ヴェルキンはそう言ってニヤッと笑った。僕の右耳の先はちぎれてなくなっていた。

「どうして？　どうして人間がいなくなったの？」

すると、ヴェルキンの身体の向こう側の、巨大な赤黒い足が目に飛び込んできた。反射的にその足の上を見上げると…。

そこには、らしくないほどの満面の笑みを浮かべた、ゾバックが僕を見ていた。

「ゾバック！」

「やあ、ジョン」

「…どうして、ここに？」

ゾバックが自分の肩に止まっているフクロウに視線を向けた。このフクロウ、どこかで見たことがある。

「あっ！　あのときの？」

そう、そのフクロウはチカルからレグードゥの森に行く途中で出会ったフクロウだった。

「そうだよ。俺だよ。ダッジだよ」

「そう…ダッジ、でもなんで？」

「話すと長くなるからやめるけど、まあ、チカルで会ったクーヨって老いぼれネズミに、ゾバックをここに連れていくように頼まれたってことさ」

「クーヨから！」

「そういうことだ」

ゾバックがうなずき、続けた。

「人間どもは全て、一人残らず、私が追い払った」

僕は、自分が意識を失う直前に感じたものを思い出した。

そうか、あのすごい叫び声と、嵐のような暴風はゾバックのものだったんだ！

「ありがとう、ゾバック！」

ゾバックは満足げにうなずくと言った。

「いいや、私も恩義があるのだ。そこの白馬に」

ゾバックは、傍らに静かに座っているシャーレーンに視線を向けた。

「シャーレーンさまに？」

「いかにも。私が西の森で敗れた話を覚えているか」

「はい」

「それまでの私は〝恐怖〟に支配されていた。恐怖によって生きていたのだ。自分が何かを敵と定めたら、その敵と定める姿勢そのものが、敵を生み出すのだ。そしてそれは永遠に続く。私はそのことがわかっていなかった。私は恐怖と闘いのらせんに生きていたのだ」

「恐怖と闘いのらせん……」

「その恐怖と闘いのらせんから解放してくれたのは、シャーレーンの母なのだ。自分を突き動かしていたもの、それがひとたびなんであるかを知れば、それから自由になることができるのだ。熟れた果実が地面に落ちるように、それはただ落ちる。それは放棄ではない。そこにはなんの葛藤も、抵抗も、執着も、闘いもない。闇に光が当たれば、闇はただ、消える。闇は、ただ、落ちるのだ」

「落ちる…のですか？」

「そうだ。そして私は理解したのだ。〝恐怖〟や〝不安〟と対決し、乗り越える力は〝勇気〟だけではない。もう一つ、大きな力があることを。このことを覚えているか？」

「ええ、覚えています」

「いま、それが何かわかるか？　ジョン」

僕は目をつぶった。

恐怖を…乗り越える力…。

僕は、シャーレーンのことを思い浮かべた。

なぜだろう？

どうして、怖くないんだろう？

あのときも、自分を狙っている敵の真っただ中へ飛び込んでいくなんて…。

どうして、そんなことができるんだろう？

不安におののいていることもなかったし、勇気をふりしぼっている感じでもなかったし、そう、ごくごく普通に、自然に、いつもと同じように…まったく迷いもなく…。

ふと目を上げると、ちょっと離れたところからこっちを見ているシャーレーンと目が合った。

その瞬間、僕は優しさと慈愛に満ちた、高く微細なエネルギーの波に包まれた。僕の身体の奥から何かがせり上がってきて、胸のあたりでその高く微細なエネルギーの波とつながって、ぐわ〜んとなった。

愛…！

そう、…これは愛だ！

いや…これが、これが愛だったんだ！

シャーレーンは、うれしそうにゆっくりとうなずいた。

「わかったよ…ゾバック。それは…〝愛〟だ」

「そうだ、愛だ」

ゾバックは満足そうに鼻の穴を広げると、そこからふぅ〜と空気を吹き出した。

「そして、愛は最強なのだ。いや、愛こそが、最強なのだ」

「愛は…最強…」

「その通り。**感情とは、さかのぼると二つに集約される。それは愛と恐れだ**」

ゾバックは、僕を見下ろして続けた。

「ジョン、お前の取った行動がどちらの根につながっていたか、わかるか？」

「僕の…行動？」

「そうだ、シャーレーンを守るために、お前が取った行動だ」

そうか、あのとき、僕は夢中で飛び出した。シャーレーンを守りたかった。いのちに代えてでも守りたかった。シャーレーンのほほ笑み、シャーレーンの声、シャーレーンの姿…みんな、全てが愛おしく、絶対に守りたかった。

「お前の取った行動、それも〝愛〟だということがわかったか？」

あれが…愛。そうか、愛だったんだ。

「だがジョンよ。お前はまだ愛の一瞥（いちべつ）を受けたに過ぎない。ほんとうの愛を知るためには、ほんとうの自分を知らなくてはならない。きっとそれが次の旅になるだろう」

「次の旅…」

（私を守ってくれてありがとう、ジョン…）

「いえ、シャーレーンさま、僕のほうこそ、ありがとうございました」

僕はそう言い終わると、急に目を覚ますまで自分が見ていた光景を思い出した。

きれいな草原、お花畑、心地よい川の水…そして…！

「そうだ！　ヴェルキン、僕はゲトリクスに会ったんだ！」

「ほほう、ジョン、君はあちら側の世界を垣間見てきたのだな…。ヤツはどんな様子だったか？」

「ゲトリクスは…やっぱりゲトリクスだった。そうそう、でも、左目があったんだ。そのほうが男前だろって言って笑ってた」

「はっはっは！　そうか、あいつらしいな」

ヴェルキンとゾバック、そしてシャーレーンも一緒に声を上げて笑った。

「そうか良かった、良かった。あっちでは左目が戻ったか。まあ、あれをやったのは私だからな」

ゾバックが笑いながら言った。

「えっ？　ゲトリクスの左目をつぶしたの、あなただったんですか？」

「ああ、昔いろいろあってな」

代わりにヴェルキンが答え、懐かしそうにゾバックと目を合わせた。

「そうそう、シャーレーンさま、白帝がよろしく伝えてほしいって言ってました」

僕は白帝たちとの会話を思い出して、鼻がツンとした。

(ありがとう、ジョン。兄とも会ったのですね。会えて良かったですね)

シャーレーンは、僕と白帝がどんな会話をしたのか全てをわかっているかのように、うなずいた。

「そうだ、シーザーや他の犬たちはどうなったんですか？」

すると、ヴェルキンが少し離れた草の上を鼻で指した。

そこに視線を走らせると、シーザーの部下たちが何かを囲んで無言で座っていた。

……。

しばらくすると。

「おお〜っ」

歓声とともに真ん中に黒い犬が立ち上がった。

それは、シーザーだった。

27

シーザーは、ゆっくりとこちらに向かって歩いてきた。足取りは少々よろめいていたが、その眼光は相変わらず鋭く光っている。シーザーの部下たちは、僕たちに向かってひとり歩いていくシーザーを静かに見つめていた。

シーザーは僕たちみんなの前で止まり、チラッと僕を見てから、シャーレーンにゆっくりと口を開いた。

「まずは礼を言わせてもらおう。部下たちのいのちを救ってくれて感謝する。私のいのちも。ありがとう」

（いいえ、私は私ができることをしたまでですから。私こそ、守ってくれて感謝します）

シャーレーンがシーザーたち全員の心に返事をした。シーザーは怪訝そうな表情をして言った。

「しかし、なぜ、こんなことをするのだ。私にはどうしても理解できない。私たちを治したら、また私たちに狙われるとは思わなかったのか？」

（ええ、そういうこともあるとは、思いました）

「では、なぜだ？　なぜ、こんなことをするのだ？」

（それが、私だからです。〝私〟という存在だからです）

「〝私〟という存在？」

（そうです。それが私であり、私の魂の声なのです）

「魂の声……」

僕も思わずつぶやいた。

「敵を癒やすことが、魂の声なのか？」

（この世界には〝敵〟も〝味方〟もありません）

「何を言っている？　この世は弱肉強食だ。強いもの、優れたものが勝ち残り、弱いもの、劣ったものが消えていく。生き残るためには勝つしかない。敵を倒すしかない、消すしかない。自分に危害を加えようとする存在は全て〝敵〟ではないか！」

（シーザー、この世界には敵も味方もなく、優れたものも劣ったものもありません）

「ばかな！　何を言っている？　では、私たちを治療して、その結果、私たちに殺されたらどうするのだ？」

（そのときは、そのときです。そういうことだった、という、ただそれだけのことです）

「そんなこと、絶対に間違っている！」

シャーレーンは、一つ大きく息を吸ってから言葉を続けた。

（私たちが見、体験している世界は、大いなる全体の一部にしか過ぎません。そして私たちもその大いなる全体の一部なのです。私たちは自分で考えている、感じているよりも、もっと大きな存在なのです）

「…？」

（私たちは大いなる一つの存在を表現する、別々の「個性」にすぎないのです）

「大いなる存在の、別々の個性？」

（はるか昔、私たちは大いなる存在、ただ一つでした）

「ただ、一つ？」

（はい、そうです。わたしたちは、一つの存在から生まれたのです）

「…？」

（永遠の時間が流れる中で、あるとき、そのたった一つの大いなる存在は、自分という存在を、自分を知りたいと思いました）

「自分を知りたい…と」

（そうですシーザー。あなたも自分を知りたくて、自分という存在を理解したくて頑張って生きてきたのでしょう？」

「…そ、そうかもしれない。私が私として、どこまで行けるのか、私とはいったいなんなのか、それを知りたかったというのも事実だ」

（シーザー、あなたは、自分の顔を見ることができますか？）

「顔…そうだな、水や氷、あるいは人間たちが持っている光る板に映った姿でなら、見ることはできるが…」

（そうです。私たちは自分を知るためには、外側からの目で見ることも必要なのです）

「外側からの目？」

（はい。自分の顔を外から見るために、大いなる存在は自分を分離しました。つまり、見る者と見られる者に分かれたのです。大いなる存在は自らを分離することによって、自分を外側から見ることができるようになり、自分をより詳しく知ることができるようになりました。こうして大いなる存在の、分離の物語が始まったのです）

「分離…」

（大いなる存在は、ありとあらゆるものに分離し、ありとあらゆるものになりました。そしてそのもの自身となり、それを体験すると同時に、それを外側から観察するという、より詳しく自分を知る作業に夢中になりました。石とはどういう存在か、空気とは、植物とは、虫とは、動物とは、土とは、雲とは、太陽とは、星とは…。全てが大いなる存在が、自分を知るために分離して生まれた、大いなる存在の一部なのです」

「……」

（そして、大いなる存在は、あるとき、あなたになりました）

「私に…？」

（そして、私にもなりました）

「……」

（そうです、シーザー、私もあなたも大いなる存在の一部なのです）

「待ってほしい。よく理解できない…。では、どうしてそこに優劣が発生するのだ？　勝つ者と負ける者、生き残る者と死んでいく者が生まれるのだ？　全てが同じで一つのものだったら、そこには平等、公平な世界しかないではないか？　みんなが笑って平和に生きていく、そんな夢みたいなおとぎ話は幻想だ」

（ほんとうの世界、真理の世界では、優劣はありません。〝敵〟も〝味方〟もありません。それはただ単なる個性や役割の〝違い〟であって、あなたが考えているような優劣や〝勝ち負け〟は存在しません。なぜなら、元をたどれば、全ては一つの存在（Being）だからです。私たちひとりひとりの存在は、大いなる存在の別の側面を、それぞれが表現しているだけなのです）

「わからない。理解できない」

（では聞きます。あなたの右足と尻尾は、同じですか？）

「何を言っている？　同じな訳なかろう」

（では、あなたの右足と尻尾はどちらが優れていて、どちらが劣っていますか？）

「いや、それぞれ役割が違うから、そういう基準では話すことはできない」

（では、あなたの右足と尻尾はあなたの一部ですか？）

「いかにもその通り、胴体でつながっている。しかし、それがいったい、なんの関係があるのだ？」

（私たちはそれぞれが右足であり、尻尾なのです。私たちは大いなる存在という根源と、

皆つながっているのです）

シーザーは怪訝そうな表情をさらに険しくし、首を横に傾けた。

「？」

（大いなる存在という全体から見れば、あなたは右足であり、私は尻尾なのです。ただし、そのつながりを忘れ、右足と尻尾がそれぞれ分離していると思い込んでしまっているのです）

「分離…」

（つまり、右足と尻尾が争い合い、競い合い、殺し合っているということです）

それじゃ、いずれ死んでしまう…。

（したがって、誰かを傷つけるということは、自分自身を傷つけていることと同じことなのです）

「……」

（私は〝癒やす〟という特殊な力を与えられました。そして私の魂はこの力を使いたいと言っています）

「しかし…我々は敵ではないか」

（私たちは、一つです。私が癒やしているのは、あなたであり、そしてそれは〝わたし自

身〟なのです）

「我々は一つ…私には…わからぬ」

「黒い犬よ、つまり、他者を傷つけることは、自分自身を傷つけることと同じ意味なのだ」

ゾバックがシーザーに言った。

「お前はあの〝赤い魔獣〟か？」

「そう言われていた時期もある」

「でも…」

僕も思わず話しかけた。

「でも、シーザー、君も聴こえたんだろう？　魂の声が！」

シーザーが振り向いた。

「魂の声？」

「そうだ、魂の声だよ。だからこそ、君はシャーレーンさまを助けるために、銃の前に飛び出したじゃないか」

「確かに…あのときは…」

シーザーは言いかけると、言葉を続けた。

「あのときは、そうせねばならない、そういう声がどこからか聴こえたのだ」

「それがたぶん、魂の声だよ。君も聴こえたんだよ。魂の声が！」

「あれが…魂の声…なのか…」

ヴェルキンが言った。

「魂の声を一度でも聴いたなら、その声には逆らえない。一度でも聴こえてしまったなら、決して消えない。聴こえないようにすればするほど、苦しむことになる。シーザー、お前は魂の声を聴いたのだ」

「お前は、自分がとった行動を後悔しているか？」

ゾバックがシーザーに聞いた。

「後悔？　いや後悔はまったくない」

「では、いま、どのような気分だ？」

「とても気分がいい。すっきりした気分だ」

「魂の声に従って生きるということは、そういう気分で生きるということだ。そういう存在（Being）で生きるということだ。どうだ、気持ちが良かろう」

「ああ、確かに。とても気分がいい。こんなスッキリした気持ちは初めてかもしれない」

「それがエゴの声ではなく、魂の声で生きるということだ」

「エゴの声でなく、魂の声……」

「エゴの声は己を駆り立てる。不安や恐れ、怒りや執着、優越感や劣等感にしがみつく。しかし、魂は違う。魂の本質は、自由なのだ」

シーザーは、シャーレーンに言った。

「お前は以前、私のことを傷ついている、と言ったな」

(ええ、言いました。私たちを攻撃し、傷つけ、殺さなければ癒やされないほど、あなたは傷ついている、と)

「私はいま、それが少しわかったような気がする。私は、傷ついていたのかもしれない」

「言ってみろ」

ゾバックが聞いた。

「私は、自分の存在理由がわからなかった。生きている意味が、生まれた理由がわからなかった。子どもの頃はそんなことばかり考える変わった子どもだった。しかし、あるとき私は決心した。この迷い、いや、苦しみだったかもしれない、これを払拭するには最強の称号を得ることだ、それしかない、と。私は最強になるために生まれた、と生きる目的を定めたのだ。最強になったら、この迷いや苦しみから逃れることができるかもしれない、と。自分を最強だと感じ、そして周囲からも最強だと認められること、伝説になること、そこに私に欠落していた存在理由を求めてしまったのかもしれない。最強になること、それで存在理由を埋めようとしていたのかもしれない。あの片目の狼の言っていた通りに」

「黒い犬よ、ほんとうはどうしたいのだ？」

「…わからない。いまの私にはわからない」

ヴェルキンが言った。

「わからぬなら、見つければよい」

（あなたの好きなようにしてください。まずは役割から離れて魂を自由にしてあげることです）

「しかし…」

シーザーは心配そうに自分を見ている部下たちをチラッと見た。

「しかし、なんだ？」

「私は部隊の司令官として、部下たちを導く責任がある」

（彼らには彼らの進む道があるのです。あなたが魂の声を聴いたように、彼らも自らの魂の声を聴き、成長していくのです。彼らの魂を信じましょう）

「シーザー、こういうときこそ、自分の魂に聴くんだよ。目をつぶって、自分の魂に問いかけるんだ。『魂よ、ほんとうはどうしたいんだ？』って」

僕は我慢しきれずにシーザーに話しかけた。シーザーはうなずくと、静かに目をつぶった。

しばらくじっと目を閉じていたシーザーは、おもむろに目を開け、言った。

「私はここに残りたい。私はあなたたちの言っていることが、まだよく理解できない。しかし、おそらく私の魂の声というヤツが、ここに残ってもっと理解を深めたいとつぶやいていることはわかる。片目の狼の代わりとして、あなたの守護をやらせてもらえないだろうか。彼を殺した責任もある」

「他のやつらはどうする？　なんなら、ベレン山に連れていってもよいぞ」

ゾバックが言った。

「ありがたい。皆に聞いてみる」

シーザーは部下たちの輪の中に歩いていき、すっくと立って言った。

「皆、よく聞け。我が最強部隊は今日で解散する。お前たちは自由だ。好きにするがよい。人間の元に戻るもよし、旅に出るのもよし、私とともにこの森に残るもよし、あの大熊と一緒にベレン山に行くもよし。全て自由だ」

「司令官、そんなことを言われても…指示を出してください」

「いまのが最後の指示だ。これからは私にではなく、自らに従って生きるのだ。しかし一つ言っておく。私はお前たちと一緒に過ごせたことを誇りに思う。そしてこれが別れではない。いずれ互いに成長し、仲間として再会することを約束しよう。これからは私を『司令官』ではなく、シーザーと呼んでほしい」

「わかったシーザー。私は大熊と一緒にベレン山に行く。私とともに来るものはいないか？」

マリウスだった。すっかり傷も治っている。

「俺はいつも弟であるお前を支える役目をしてきた。だからこそ、俺はお前から離れて自分というものを、もう一度見つめ直したい」

シーザーたちは、シーザーとともに森に残るグループ、マリウスとともにベレン山に行くグループ、行く先を決めずに旅立つグループの大きく三つのグループに分かれた。

事の成り行きを見ていた僕に、ゾバックがのっしのっしと近づいてきた。

「ジョンよ。お前と別れてしばらく後に、ガジョという犬が仲間とともに私の元を訪ねてきた。皆、私が一度戦った者たちだ」

「ガジョが！」

「そうだ」

「で、ガジョは？」

「ガジョはいま、仲間たちと一緒に、私のいない間ベレン山を守ってくれている。しっかりとした良きリーダーだ」

「そうか！　良かった！」

「ガジョからの伝言を預かっているので伝えよう。『ハイランドで再会しよう、魂の友よ』とのことだ」

ゾバックはそう言って、またらしくないほどの満面の笑みを浮かべた。

僕はうれしくてたまらなくなって、思わず遠吠えをした。

ウォ〜ン、ウォ〜ン！

すると、それに呼応するようにシーザーやその仲間たち、ヴェルキンまでも一斉に遠吠えを始めた。

ウォ〜ン、ウォ〜ン！

ウォ〜ン、ウォ〜ン！

それはまるで、僕たちみんなが新しい出発を祝い合っているような、陽気で元気な遠吠えだった。

第8章 ウルム山——ほんとうの自分、ほんとうの自由

あの闘いから二週間がたち、人間たちがいなくなった森に平和が戻ってきた。

「また会おう、ジョン。そのときはお前の話もゆっくりと聞かせてくれ」

ゾバックは数日前に大きな背中をゆさゆさとゆすりながら、マリウスたちを連れてベレン山へと帰っていった。

別行動をする犬たちは、あの闘いからすぐにそれぞれの思うところへ出発したようだった。

そして今日は、僕が出発する日。

透明な朝日がキラキラときらめき、ルーン湖に反射している。朝露に濡れた草を踏みながらシーザーが近づいてきた。

「ジョン、君にはいろいろと世話になった。次に会うとき、私ももう少し理解が進んでいると思う。私も君に負けないように魂の声を聴き、いずれハイランドへと向かうつもりだ」

「シーザー、勝ち負けじゃないから〝負けないように〟は余計だよ」

「ああ、そうだな。まだその癖が直っていないようだ」

シーザーはばつが悪そうに笑った。その笑顔は、以前の硬い感じはなくなり、柔らかさと落ち着きが感じられた。

「シーザー、シャーレーンさまを頼む」

「ああ、安心しろ、任せてくれ」

ヴェルキンが言った。

「ジョン、いつの日かまたこの森に来ることがあったなら、魂の友として語り合おう。そのときを楽しみにしているぞ」

シャーレーンがいつものように、優しく僕の心に語りかけてきた。

（ジョン、あなたとの出会いは、僥倖（ぎょうこう）であり恩寵（おんちょう）でした。ほんとうにありがとう。ここからひと月ほど西へ向かうと、ウルム山という険しい山に出合います。その山の中腹に「シルシュの大杉」と言われる大きな杉の木があります。その大杉の下にレドルクという

年老いた狼が住んでいます。彼がハイランドへの行き方を、教えてくれるでしょう）

「レドルクじいさんによろしく伝えておいてくれ」

　ヴェルキンが言った。

「知り合いなの？」

「ああ、じいさんは私が子どもの頃からじいさんだった。私の父が子どもの頃も、じいさんだった。私の祖父が子どもの頃もじいさんだったらしい。うわさによると、百年以上じいさんだとか…」

「へえ～…」

　僕はシャーレーン、ヴェルキン、シーザーたちと目を合わせ、ゆっくりと会釈をしてから顔を上げて言った。

「じゃあ、行ってきます」

「ジョン、頑張れよ！」

「うむ、魂の声に従って行くのだぞ」

（ジョン、行ってらっしゃい）

　レグードゥの森を出発して二週間、視界の前方に切り立った鋭い山が見えてきた。

あれが、ウルム山…。

天に突きさすようにそびえ立つ鋭峰(えいほう)を見ながら、その中腹に住んでいるという老狼を想像する。

どんな狼なんだろう？

ハイランド…ハイランドとは、いったいどんな場所なんだろう？

きれいな場所かな？

どんな仲間たちがいるんだろう？

僕は自分がいままで見た美しい景色を想像しながら、ハイランドのイメージを重ねてみた。

ダルシャの言葉を思い出した。

「俺みたいな狼族だけじゃない。お前さんみたいに人間に飼われていたやつらも、ほんとうの自分を探しにやってくる」

コウザの言葉も思い出した。

「ハイランド…そこはわしらやおぬしのように、ほんとうの自分に目覚めた者たちが目指す場所。ほんとうの自分を探す旅…ほんとうの自由を見つける旅…それがハイランドへの旅なのじゃ」

そしてコウザが言っていた言葉を、さらに思い出した。

「ハイランドを目指して旅をしても、全ての者がたどり着けるわけではない。ほんとうの自分、ほんとうの自由を理解できた者のみがたどり着く場所、それが『ハイランド』なんじゃ」

ほんとうの自分、ほんとうの自由…。

果たして僕は、ハイランドへたどり着くことができるのだろうか？

僕にほんとうの自分、ほんとうの自由が理解できるんだろうか？

いろんなことがたくさんあった。素敵な出会いがたくさんあった。そう、僕は変わった。僕はもう人間に飼われていた頃の僕じゃない。心の深いところからふつふつと力が湧いてくるのを感じた。

出発からちょうどひと月、いま、僕の目の前にはごつごつと硬そうな岩石に覆われた鋭い山が立ちはだかっていた。

ここの中腹に、「シルシュの大杉」があるんだな。そこにレドルクがいる。よし、行こう！

ごつごつとした険しい山道を登っていく。山道は想像していた以上に険しいものだった。

「えいっ」

大きな岩を飛び越える。

「おっと、危ない！」

足場の悪い道をよろめきながら登っていく。

こんな険しい場所に住んでいるなんて……いったいどうやって暮らしているんだろう？

食べ物はあるんだろうか？

家族はいるんだろうか？

そもそも、ずっとじいさんだなんて……いったい何歳なんだろう？


そして、登りはじめてから二日がたった。

険しい山道をひとしきり登り切ると、急に目の前が広く開けた。

うわ〜……。

思わず足が止まる。

広々とした草原と、美しい湖が目の前に広がっていた。湖面にはウルム山の鋭い峰が美しく映り込んでいて、荘厳な山と湖面の鏡面が息を呑むほどの美しさを作り上げていた。

湖水は湖底まで見えそうなほど澄んでいる。

僕は湖に駆け出し、冷たく澄んだ水で乾いたのどを一気に潤した。

「あ～、おいしい！」

水はのどを通り、身体中の細胞にしみ込んでいった。僕の身体全体が、清純な水のエネルギーに満たされて喜んでいた。

あれっ？

ふと顔を上げると、湖の対岸に大きな一本の大きな杉の木が立っていた。

あれが、シルシュの大杉？

その杉はとてつもなく大きな杉で、ベレン山に立っていた大きな楠と同じくらいの大きさだった。

よし、行ってみよう！

駆け足で大杉に着くと、その太い幹の根元にちょうどよい具合に開いている穴を見つけた。

もしかして、この穴がレドルクの住処かな？

穴の入り口から中に向かって声をかけた。

「こんにちは～誰かいますか～？」

しばらく耳を澄ませて穴の中から返事を待ったけれど、返事はなかった。もう一度、聞いてみた。

「こんにちは！　誰かいませんか!?」

すると、上のほうからゆったりとした声が聞こえた。

「そこにはいま、誰もおらんよ」

あわてて見上げると、頭上の枝に静かに座っている年老いた狼の姿が目に入った。

「こ…これは失礼しました。あなたはレドルクさんですか？」

年老いた狼は、静かに僕を見つめて答えた。

「うむ…確かにわしはレドルクと呼ばれている。だが、レドルクというのは一つの名前、称号、表現、単語でしかない。ここにはいかなる実態も存在していない」

老狼は僕をまるで試すようにそう言って、しみじみとほほ笑んだ。僕は彼が何を言っているかさっぱりわからなかった。

「レドルクさん、そこで何をしているのですか？」

木の枝にちょこんと座っているレドルクを見上げて尋ねた。

「わしは、座っている」

「？」

「フォッフォッフォ」

「レドルクさん、そちらに行ってもいいですか？」

「ああ、別にかまわんよ。それじゃ、こっちに来なさい」

僕はレドルクの座っている木の枝に向かってピョンピョンと飛び移っていった。あそこからここまで上ってくるんだから、まだまだ元気なんだな。

レドルクの座っている木の枝に着くと、レドルクは自分の横を鼻で指した。

「若いの、ほれ、そこに座れるぞ」

レドルクの横に、ちょうど座れるようなスペースがあった。

「こんにちは、レドルクさん。僕はジョンと言います。あなたを訪ねて参りました」

「ほう、そうか」

そう言うとレドルクは静かに口を閉じ、目を細め、鏡のような湖とそれに映し出される鋭峰の荘厳で壮大なパノラマに視線を投げた。

僕はレドルクをしげしげと見つめた。身体の大きさは僕とあまり変わらないだろう。狼の中でも小さいほうかもしれない。全身は灰色がかった白銀で輝く毛に覆われていた。

シャーレーンのまぶしいばかりの輝きとはちょっと違って、それは歴史を刻んだ銀細工

が放つ輝きのようだった。その目は大きな優しさをたたえていて、とても狼の目とは思えなかった。

僕はレドルクの横に座っているだけで、大きな安心感を感じた。

「ふう〜」

レドルクは、まるでその景色に溶け込んで、周囲と一体になっているようだった。

僕はその視線の先の風景を眺めた。

まばゆく輝いていた太陽がだんだんと山の陰に沈んでいく。明るい黄色からオレンジへ…そしてだんだん青い紫へと…最後には深い青へと…。一時も休まずに刻々と変わる光のオーケストラが、景色を一瞬一瞬違うものに浮かび上がらせていく。

うわぁ〜。

太陽がとっぷりと沈むと、次は満天に広がった星たちが、我も我もと盛大に輝きはじめた。今度は星たちの大合唱だ。

なんてきれいなんだろう…。

こんなに星が近いなんて…。

星が、落ちてきそうだ…。

僕はレドルクと一緒にいることも忘れて、大自然の輝きに包み込まれた。

どのくらい景色に夢中になっていただろうか、景色を見ていたレドルクがゆっくりと横を向いた。レドルクの視線に気づいて僕は口を開いた。

「レドルクさん、僕は、あなたにハイランドへの道を教えていただきにきたんです」

「ほう、ハイランドとな」

「はい、ハイランドへの道を教えてください」

レドルクは、ゆったりとうなずきながら言った。

「君は、どうしてハイランドへ行きたいんじゃ？」

「それは…ハイランドは自由な魂を持った者たちが集まる場所だと聞いたからです。そしてそこには、ほんとうの自由があると聞いたからです。ハイランドってきっと、とっても素晴らしい場所だと思うんです」

「そう、確かに素晴らしいね」

レドルクはやっぱりハイランドへのことをよく知っているようだった。僕の胸は期待に膨らんだ。

いよいよ聞けるぞ、ハイランドへの道が！

ついに行けるんだ！　ハイランドへ‼

「ハイランドへの道を教えてください。どうやって行くんでしょうか？」

レドルクは、静かに言った。

「ハイランドという場所など、ない」

29

「えっ？」

どういうこと？

「ハイランドは、ない…？」

レドルクは、静かに答えた。

「さよう、ハイランドという場所など、どこにもない」

「でも、いままで出会ったダルシャやコウザやクーヨやシャーレーンや…」

僕は、言葉に詰まった。

「フォッフォッフォ、君はよき出会いをしてきたのだね」

「みんな、みんなハイランドのことを…」

思わずそう言ったものの、それ以上何も言うことができなかった。

「君がほんとうにハイランドのことを知りたいのであれば、もうしばらくここにいたほうがいいね」

「では、ハイランドはやっぱりあるんですね！」

「フォッフォッフォ」

それには答えずに、レドルクは楽しそうに笑った。

「はい、僕はここにいます。僕は絶対にハイランドへ行きたいのです。僕は行かなくちゃいけないんです！」

「わかった、わかった。元気な子じゃや。フォッフォッフォ…」

「まあ、今日のところはゆっくりしなさい」

レドルクは優しくほほ笑んだ。

「はい…」

そうは言ったものの、僕の頭にはレドルクの言葉がこだましていた。

「ハイランドという場所など、ない…」

ほんとうだろうか？

ハイランドは、ほんとうにあるんだろうか？

もし、なかったら？

レドルクは僕を試しているのか？

それともうそをついているんだろうか？

からかっているんだろうか？

もう訳がわからないよ！

「今日は穴に戻って食事をして寝なさい」

レドルクは優しく言った。穴に戻ると、いつの間にかイモや栗などが寝床の脇に用意されていた。

いつの間に、誰が…？

振り向くと、片隅でリスとウサギが木の実を運んでいることに気づいた。

「どうもありがとう！」

「いえいえ、どういたしまして。僕たちも協力したいんです。レドルクじいさん、すっごく変なことを言うと思うけれど、ボケてはいませんから。頑張ってくださいね！」

二匹はニコッと笑って巣穴から出ていった。

もう大自然の大合唱も目に入らなかった。僕はシルシュの大杉の根元の穴に丸くなった。レドルクはずっと樹の上で星を眺めているようだった。月の光に照らされたそのシルエットは、まるでシルシュの大杉と一体となったかのようだった。

「おはよう、よく眠れたかな？」

レドルクの声で目を覚ました。ウルム山を登ってきた疲れが出たのか、ぐっすりと眠ってしまっていたようだった。

「あ…すみません。おはようございます」

「今日もよき日じゃ、フォッフォッフォ…」

素早く起き上がると、レドルクの枝の横に飛び乗った。

「レドルクさんは、毎日ここで何をしているんですか？」

「腹が減ったら食べ、眠くなったら眠り、のどが渇いたら飲む」

「？」

僕は、気を取り直して聞いた。

「僕は何をすればいいでしょうか？　僕のやるべきことを教えてください」

「そうじゃな…」

「……」

「何もせんでよろしい」

「は？」

「何もせんでよろしい」

「何も、しない…と？」

「わしの横にいま、座るのじゃ。それ以外、君がすることはない」

「はい…いえ、でも…」

「ハイランドへ行きたいのじゃろう？」

「はい…」

「じゃ、座りなさい」

「座るのですか？」

「そう。いま、ここにね」

僕は、レドルクの横に座った。

座る？

ハイランドへ行くのに、座る？

座ってたって、どこも行けないじゃないか。

頭の中に疑問符がたくさん浮かび上がってきた。すると、レドルクの声が響いた。

「静かに座り、目の前を眺め、いま、ここにいなさい」

すると、僕はその疑問符の流れから一瞬、離れた。

でもそれは一瞬だった。またすぐに頭の中に疑問が湧き上がってきた。

こんなことをして、いったいなんになるというんだ。これじゃ、ハイランドどころか、どこにも行けやしないじゃないか…。

ごちゃごちゃと頭の中で独り言をつぶやいていると、ふと目の前に素晴らしい景色が広がっていることに気づいた。

ああ、ここはやっぱり素晴らしいところだな～。

鋭峰と鏡のような湖面。鳥が一羽、飛んでいた。フクロウだろうか？　そう言えばダッジはどうしているかな？　ダッジのおかげであのときみんな助かったんだ。しかし、クーヨはさすが予言者だよな…ダッジのこともゾバックのこともみんな見えていたんだろうな…。

しばらく時間が流れた。レドルクが聞いてきた。

「君はいま、どこにいる？」

「はい、ここにいますが…」

「いや、君の身体のことを言っているんじゃない。君の心はどこに行っていた？」

あ…。

あの鳥を見てから、ダッジのことを思い出して…僕はその後止めどもないことを考え続けていた。

「ほれ…君の心はここになぞおらん。どっか遠くにお出かけじゃ。それではハイランドへはとうてい行くことはできないじゃろうな、フォッフォッフォ」

「いま、どこにいる？って、どういうことなんですか？」

ハイランドへ行くことと、僕が頭の中で考えていること、いったいなんの関係がある？

「それは言葉では伝えられんよ。じゃから、座りなさい」

「はい…」

もう、なんだかわからないや…。

なんなんだよ、いったい…。

その夜、僕がドングリを噛んでいたとき、レドルクが話しかけてきた。

「今日はどうじゃった？」

「はい…正直、よくわかりません」

「そうじゃろ、そうじゃろ。それが大切じゃ。フォッフォッフォ」

「わからないことが、大切なのですか？」

僕は、ブスッと答えた。

レドルクはそれに答えずに聞いてきた。

「君にとって、自由とはなんじゃ？」

「自由…ですか？　そうですね、自由とは自分が誰にも束縛されずに行動することです。誰にも何にも縛られないで、自分の好きなように考えたり話したり、行動できることです。僕は人間たちから自由になってほんとうに良かったと思います。やっぱり自由って最高です」

「それは、違うね」

「違うって？　いや、違わないでしょう。人間たちに飼われていたとき、僕に自由はありませんでした。だからほんとうの自由があるっていうハイランドへ、ぜひとも行きたいんです」

「フォッフォッフォ…」

レドルクは楽し気に笑った。

「何がおかしいんですか？」

だんだんと腹が立ってきた。からかわれているのか？

「ほんとうの自由を、君はわかっていないようじゃ」

「ほんとうの自由？」

「とにかく座りなさい。そして、自分の内側を見つめることじゃ。自分の心を見守りなさい。自分の思考を見張りなさい」

内側？

心？

思考？

見張る？

なんだ、それ？

何かよくわからないけれど、全然わからないということは、わかった。


次の日も同じだった。

「座りなさい」

レドルクはそう言うと、僕の隣で静かに目を半分閉じ、深い呼吸を始めた。そしてレドルクはシルシュの大杉やこの空間に溶け込んでしまった。そこには、レドルクが存在しているという気配が消えてしまうのだった。僕は隣でモヤモヤしながらも、レドルクの言った通り、座って目の前を眺めた。

こんなことをして、なんの意味があるんだろう？

座っていたって、どこにも行けないじゃないか…。

ここから一歩も進めやしない…。

からかわれているんじゃないだろうか？

いやきっと、そうに違いない。

このじいさんは、僕をだまして遊んでいるに違いない！

頭の中に疑念の声がどんどん湧いてきた。それはまるでつながっているように、どんどん止めどもなく連なっていき、延々としゃべり続けるのだった。そうこうしているうちに、夜になった。全然動いていないのに、なぜか、とっても疲れた。

夜、レドルクが聞いてきた。

「フォッフォッフォ、ずいぶんお疲れのようじゃな」

「いいえ、疲れてなんていません。だってどこにも行ってないんですから。動いてないし。疲れようがないじゃないですか」

ちょっと不機嫌に答えた。

「フォッフォッフォ、よきかな、よきかな…」

「ぜんぜん、よくありません」

レドルクはそれに答えずに、僕に聞いた。

「君は、誰だね？」

「えっ、僕は、ジョンです。前に言ったじゃないですか」

なんだよ、僕の名前、忘れちゃったの？　やっぱりボケてんじゃないの？

「それは違うね。フォッフォッフォ…」

「違うって…僕はジョンですよ」

「それは君の名前であって、君ではない」

「は？」

「君は、名前かね？」

「いえ、確かに僕の名前はジョンですが…」

「君が生まれたとき、君には名前などなかった。君は名前がつく前から存在していた。名前など、記号や称号でしかない。だから君は名前ではない。ほんとうの君は名なしじゃ」

「う～ん…」

確かに、そうだ…。

「では、君は誰だね？」

「えっと…僕は元猟犬で、ハイランドへ行くために脱走して、いろんなことがあってここに来ました」

「それは君の物語であって、君ではない」

「は？　物語ですか？」

「そう、それは君の過去に起きた出来事のストーリーじゃよ。それを物語と呼ぶ。君は物語かね？」

うん…確かに僕は物語じゃない。物語を経験したのが、僕だ。

「じゃあ、僕は四本の足とちぎれた尻尾、ちょっと鋭い牙があります。で、右耳もちぎれています」

「それは君の身体の特徴であって、君という存在ではない」

「はあ〜？　なんだか訳がわかりません。何が正解なんですか？　どういう答えを言えばいいんですか？　もう、何を言っていいか、さっぱりわかりません」

「そうじゃろう、そうじゃろう。座りながら、自分に聴くのじゃよ」

「聴くって…何をですか？」

「私は誰？　ってね…フォッフォッフォ」

「私は…誰？」

「自分とは誰なのか、自分を探してごらん」

「自分を、探す…？」

「よきかな、よきかな…フォッフォッフォ…」

もう、何がなんだか、ちっともわからない。

僕は、迷い沼の中に落ちた子犬みたいな気分になった。


そして次の日の朝が来た。

「今日もよき日じゃ、フォッフォッフォ…」

いい天気だけれど、ぜんぜんよき日って気がしないよ。

「また、座るのですか？」

「そうじゃ、また、座るのじゃ」

僕はまた、レドルクの横に座った。

そして、その日も、その次の日も、同じことが繰り返された。僕の頭の中は欲求不満で爆発寸前になった。

いったい、いつまで、こんなこと…。

なんだんだよ、さっぱりわからないぞ。

いいかげんにしてくれよ。

もう、出ていってしまおうか。

いつの間にか僕は、自分の内側を見つめるのではなくて、不平や不満を言い続けていた。

そして、不平や不満を心の中で言い続け、ひと月が過ぎようとしていた。

「今日もよき日じゃ、フォッフォッフォッフォ…」

レドルクは毎朝のごとく、同じように木の上に座っていた。僕はレドルクの横に座ると、思い切って聞いてみた。

「レドルクさん。僕は自分が何をしているかわかりません。こうして座っていることに意味を見出すことができません。僕は絶対にハイランドへ行かなくちゃいけないんです。みんなとの約束なんです。でも、どうしていいのかわかりません。僕は、苦しいです…」

レドルクは、慈愛に満ちた目で言った。

「苦しい…よきかな、よきかな。その苦しみを見つめなさい。その苦しみを上から眺めなさい。その苦しみの発現を見張りなさい。それが君をハイランドへ導く灯になるじゃろう」


苦しみを、見つめる？

苦しみを、見張る？

その日、そう、僕は初めて自分の内側を、苦しみを見つめることを、やってみた。

こんなことをして、なんになるんだ！
どこにも行けないじゃないか。
僕は、ハイランドへ行きたいんだ。
ハイランドへ行かなきゃならないんだ。
ガジョと約束をしたんだ。
ゾバックやクーヨやヴェルキンとだって…。
ハイランドへ行けなかったら、彼らに合わせる顔がないじゃないか。
レドルクはどうしてこんな無駄なことばかりさせるんだ？
おかしいよ。
だまされてるんじゃないか？
からかわれているんじゃないか？
でも、ここを飛び出して、次にどこに行けばいいんだ？

わからない。

わからない。

どうすればいいんだ。僕は！

ああ〜、もう!!


心が叫んでいた。不満と文句を言い続けていた。

そして…。

そう叫んでいる僕を、少し上から、もうひとりの僕が見つめていた！

そうか、僕の心はこんなふうに叫んでいたんだ…。

こんな不平や不満を、ぶつぶつと言い続けていたんだ！


僕は高い丘の上から自分の心という雲海を眺めていた。その雲海から、ふと雲が立ち上がる。

その雲は「こんなことをしてなんになるんだ！」と叫んでいた。

へえ〜…。

こんな不満が出てきたぞ…。

その雲をしばらく見つめていると、雲は雲海に沈んで、消えてしまった。するとすぐに次の雲がもくもくと立ち上がった。

「どうすればいいんだ！」

その雲はその言葉で満ちていた。そうやって次から次へと雲が立ち上がっては、消えていった。僕の頭の中は雲だらけ、不平不満のおしゃべりだらけだった。

そうか、僕は、この不平や不満の雲で頭がいっぱいいっぱいになってしまっていたんだ。

そして、その雲が出てきては消えていく様子を眺めている僕は、不思議と苦しくなかった。これはちょっとした発見だった。僕は初めて、なんとなくわかった気がした。

その日の夜だった。

「どうかな？　苦しみは見えたかな？」

「はい…なんだかよくわかりませんが、僕の中に叫んでいる僕がいて、それを上から見つめる僕がいました」

「ほう、どんな気分じゃったかな？」

「…そうですね…前よりは苦しくないというか、叫んで苦しんでいる僕を『ああ、こんなこと言ってるや』と少し離れたところから眺めているような感じでした」

「フォッフォッフォ、よきかな、よきかな」

「これは、どういうことなんですか？」

「わしらは三つの存在で成り立っておる。君も誰かに聞いて知っておるじゃろう」

「身体と自我と魂ですね。知っています」

「ふむ、そうじゃ。わしは自我ではなく、わかりやすくエゴと呼んでいるがね。…まあよい。君は苦しいと言ったの？」

「はい、苦しいです」

「君のこの三つのどこが苦しんでおるのじゃ？」

「そうですね…身体じゃない…」

じゃあ、エゴか魂…なんだけど、どっちなんだろう？

「…わかりません。エゴ…いえ、エゴか魂のどっちかなのでしょうけど…」

「フォッフォッフォ、苦しんでいるのは〝誰〟なのか、叫んでいるのは〝誰〟なのか、そこもよく見つめてみることじゃな。自分の苦しみを生み出しているものの正体を、自分でつかむのじゃよ」

「苦しみの、正体ですか？　はい…」

翌日、僕は自分の内側をもっと注意深く見つめてみた。

僕の心は、常に文句を言っていた。

ハイランドへ行きたい、けど、行けない。

行き方を教えてくれない、なんでだ。

もういい、もう帰ろうよ、こんなところにいても無駄だよ。

レドルクの言っていること、わかんないよ。

僕には理解なんかできない。

無理だよ、無理に決まってる。

僕がハイランドへ行きたいと強く思えば思うほど、いま置かれている現実とのギャップが生まれ、雲がもくもくと湧いてくるのだった。

これらの雲が僕の頭の中を満たすと、僕はとっても苦しくなった。身体中が硬くなって、心臓がドキドキしてきた。いますぐにでもどこかに走り出したくなった。頭の中が雲でいっぱいになって、青空なんてどこにもなかった。僕の頭の中は雲だらけ、真っ黒な曇天そのものだった。

ふと一瞬だけ、雲間に光が差すように青空になるときがあった。そのとき、僕は頭の中を渦巻いている雲から抜け出して、静かで澄み切った気分で、それを上から眺めることができた。

このしゃべっている雲が僕なのか？　この雲が、探していた僕自身なのか？　それとも、この雲は、レドルクの言うところの僕のエゴなのか？

夜、レドルクに聞いてみた。

「一瞬だけ、苦しみの雲から抜け出すことができました。一瞬ですけれど」

「ほうほう、よきかな。その苦しみの正体はわかったかな？」

苦しみの正体…あの雲のことだ…。

あれは決して魂の声なんかじゃない。魂の声はあんなに苦しくなんてない。とすると、あれはエゴの声なんだろうか？

「エゴの声…でしょうか？」

「君はハイランドへ行きたいと願っているが、行きたがっているのは君の何かな？　それほど執着しているのは、君の何かな？」

「え？　執着ですか？」

「そう。しがみつきとも言う」

「う〜ん、執着しているつもりはないのですが…」

「ハイランドへ行きたいのじゃろう？」

「はい」

「それが、執着じゃ」

「でも、行きたいと願わなければ、行けないじゃないですか」

「フォッフォッフォ。行きたいと願ったとき、行かねばならないと君の雲がしゃべっているとき、君が感じるものは、何かな？」

「苦しみ、です…」

「ということは、苦しみを創り出すのは何かな？」

「雲…これがエゴの声でしょうか？」

「フォッフォッフォ、そう、それをよく見張りなさい。フォッフォッフォ」

エゴを…見張る…。

どういうことだろう？

「で、そのエゴを見張っておる君は、いったい誰なんじゃ？」

レドルクがニヤッと笑った。


翌日から僕は前よりももっと前向きに、真剣に自分の内側、雲を見つめた。

僕の心、エゴはとってもおしゃべりだった。常に何かをしゃべっていた。

こんなこと、無駄だよ。

僕にはとうてい理解なんてできないよ。

だから、早く違うところに行こうよ。

シャーレーンのところに戻ったほうがいいんじゃない？

クーヨなら、もっとわかりやすく教えてくれるよ。

僕は、それらもくもくと自動的に湧き上がってくる雲を、上から見張っていた。面白いことに、この言葉には映像がくっついていて、言葉と一緒に頭のスクリーンみたいなものにシャーレーンやクーヨの姿が現れるのだった。そしてその映像には感情もくっついていて、身体の中を言葉にできないエネルギーの波動が流れてきて、そして苦しくなるのだった。

でも、その雲に巻き込まれずに上から見ていると、それらは時間とともに流れ去り、自然に消えていくのだった。それが沸き起こり、そして消えていくのを眺めることは、なんだかとても気持ちよかった。

夜、そのことを話すと、レドルクはうれしそうに言った。

「よきかな、よきかな…そうじゃや。エゴは君ではない」

「僕は、エゴじゃない？」

「そう。エゴを見張っているということ、エゴを外から見ることができるということは、君はエゴではないということじゃ」

「え？　どういうことですか？」

「外から見ることができるということは、それと一体となっていないということじゃ。そのものから分離しているということじゃ。一体となっていたら、外側から見ることなどできんからの。つまり、君はそのエゴから分離している、つまり、君はエゴではない、ということじゃ」

「僕は…エゴではない…」

「そう、エゴは君の一部であって、君ではないのじゃ。エゴを見つめ、エゴに支配されないこと」

「エゴに支配されるというのは、エゴの言葉で頭の中がいっぱいになって、それに巻き込まれて気持ちとかがぐしゃぐしゃになってしまうこと、なんですね」

「そうじゃ。エゴに支配されずに、エゴを正しく使うことができるようになること。これが肝心」

「エゴを、正しく使うんですか？」

「そうじゃ。エゴも大切な機能じゃからの。エゴがなければわしらは生活ができん。名前も覚えておれんじゃろ。そもそも、ここにだって来ることができん。この世界を生き抜いていくための機能がエゴじゃ。しかし、いつの間にかエゴが頭の中を支配してしまって、エゴが自分だと思い込んでしまうと、それに振り回されてしまうんじゃよ」

「エゴが自分……」

「頭の中がエゴの声でいっぱいになったとき、何を感じたかな？」

「苦しかったです」

「そう、そこに苦しみが生まれるのじゃ」

「エゴは、目の前に展開するありのままの世界を否定することで存在するのじゃ。否定し、抵抗し、執着する。そこに摩擦が生まれる。だから苦しい」

そう言えば、クーヨもそんなことを言っていたっけ。

「はい、頭の中の雲に囚われてしまうと、自分がとってもちっぽけで小さくてみじめだって感じてしまいます。なんだかすごく小さな檻に閉じ込められてしまっているような感じです」

「そう、エゴは自分の中に牢獄を創り出すのじゃ。エゴの言うことを真実だと思い込んでしまうと、その世界しか見えなくなってしまう。自らをその世界に閉じ込めてしまうのじゃ」

僕はふと、ガジョを思い出した。

ガジョは完璧でない自分は役立たずで、早く死んでしまったほうがいいと苦しんでいた。それはガジョのエゴが創った牢獄だった。クーヨのおかげで、ガジョはエゴの牢獄から出ることができたんだ。

「さらにエゴは幸福を自分の外側に求めるんじゃ。自らの不足感・不全感を埋めるために、自分の外側に何かを求め続け、手に入れようと永遠に走り続けるのじゃよ」

シーザーのことだ。

「エゴはいつも不安なのじゃ。エゴはいつも足りないんじゃ。だから自分の外側の何かでそれを埋めようと、追い求め続ける。評価や賞賛、地位や名誉」

そうか、シーザーは自分の存在理由がわからなかったから、彼のエゴが最強の伝説になることを求めていたんだ。そういうことだったんだ。

「その中には、安心や安寧もある。恐怖を感じなくなること、安心を求めること、とにかく全部自分の外側じゃ」

ゾバックのことだ……。

恐怖を感じないように、安心したくて闘いのらせんを歩んでいたんだ……。全部、そうだったんだ！

「エゴが求めるのは評価や名誉、安心だけではない。ハイランドも同じじゃ」

「え？　ハイランドも…ですか？」

「そうじゃ。ハイランドという夢の国を自分の外側に求め続けること、これもおんなじことじゃ」

「でも…僕はハイランドへ行きたいのです」

「それを握りしめると、何を感じるかな？」

「苦しい、です…」

「君を苦しめているものは、何かな？」

「もしかして…ハイランドへ行きたいという、僕のエゴ…でしょうか」

「フォッフォッフォッフォ、よきかな、よきかな。さよう、エゴの執着。ハイランドへの執着」

「執着…」

「そうじゃ。エゴによる執着。それを自らの中に見つけ出し、手放さない限り、ハイランドは無理じゃの」

「ハイランドは、無理…」

「求めるな、求めれば逃す。求めずして見つけ出せ。求めることなく見つけ出せ。ハイランドなど、どうでもよくならないと、ハイランドへは行けないのじゃ。難しいのう、フォッフォッフォ」

30

僕がここに来てから、半年が過ぎようとしていた。

「さて、今日も座ろうかの…」

「はい、お師匠さま」

僕はその頃、レドルクのことを自然とお師匠さまと呼ぶようになっていた。

「このウルム山中腹の、この空間が君なのじゃよ。この空間の中に現れるもの、湖や大杉や岩や動物たちは君の心の中に浮かんでくるモノたちじゃ。君は湖や杉ではない。ましてや動物たちではない。君はそれらを包容する空間じゃ」

「空間…ですか？」

「そう、君という空間の中には様々なものが浮かんでは消えていくのじゃ。君はそれを目撃している意識、それが起こっている空間なのじゃよ」

「う～ん、よくわかりません…」

「自分の内側に起こってくるものを、ひたすら察知して見つめる…それらがありのままでいることをゆるし、判断せず、抵抗せず、執着せずにただひたすら、そのままを見つめる…ただそれだけじゃよ、後は、待つだけじゃ。フォッフォッフォ」

「見つめて…待つ。待つって、何を待つんですか？」

「フォッフォッフォ、それが起これば、おのずとわかる。それよりも、いま、見たり聞いたりしている主体は何者なのか？　歩んでいるものは何者なのか？　とどまっているものは何者なのか？　座っているものは何者なのか？　横になっているものは何者なのか？　というように、目をつけて、じっと見ていくがよい」

だんだんと、わかってきた。

僕の心にはいろいろなものが響いていた。それは「お腹がすいた」という身体の声だったり、「もうやめたい」というエゴの声だったり、身体の中を流れるジンジンとしたエネルギーだったり。

それも僕の大事な声だったけれど、それらが自分に響くのをゆるし、その響きを感じながらも、ちょっと外側から眺めてみる。すると、それらがまったく湧き上がってこない隙間がある。

それは頭の中にまったく何も流れない、完全なる静寂だった。

そのとき、僕はそれらの背景になっていた。それは雲海の上に立ったときに感じた、安らぎと癒やしに満ちた沈黙と同じだった。僕は雲じゃなくて、それをゆるしている青空だった。

そのとき、また新たなる雲が湧き上がった。

「ハイランドへ行きたい！　早くハイランドへ行きたい！」

僕は、その雲を上から眺めた。

「ハイランドへ行きたい！　僕は、ハイランドへ行かなきゃいけないんだ！」

その雲は、しつこく叫んでいた。

そうか…。

これも、僕のエゴの声だったんだ…。

自分の幸福を自分の外側に求め、探し続けるエゴの声…。それは名誉や安心だけじゃなくて、成長や自由だって同じことだったんだ。

成長したい、自由になりたいっていうのは、いまの自分はまだまだ成長が足りないし、自由じゃないって思ってるってことだ。根っこにあるのは、自分は足りない、幸福じゃないっていうエゴの想いだったんだ。ハイランドへ行けないと、幸福になれない…これもエゴの抱えている不足感から出てくる声だったんだ。

しばらく見つめていると、その雲は他の雲と同じように雲海の中に消えていった。僕はまた安らいだ静寂に戻った。

夕食のイモをモグモグと噛んでいるときだった。

いままで出会ってきた友人たちの言葉が、一つにつながった。

そうか…。

そういうことだったんだ…。

ゾバックは、こう言っていた。

「ほんとうの自由を得たいのであれば、幻想を見抜くことだ。決して幻想に捕まり、幻想の奴隷になってはならない」

ゾバックの言っていた幻想とは、頭の中に湧き起こる雲の声のことだ。

クーヨは、こう言っていた。

「おんしが見ている世界というのは、おんし自身のエゴが創り出す幻想の、拡大されたもの以外の、何ものでもないと知るのじゃ」

僕は、心の中に湧き上がってくる雲が、僕自身だと勘違いをしていた。雲の中をさまよっていた。エゴの雲の中から抜け出さない限り、その雲に捕まって、その雲の創り出す幻影を目の前の世界に、鏡のように映し出してしまう。頭の中の雲が、自分の現実世界を創り出してしまうんだ。

「ハイランドは、ほんとうの自由に目覚めた者のみが、たどり着ける場所…」

みんな…。

だから、ダルシャはこう言っていたんだ。

みんな、おんなじことを言っていた。

ほんとうの自由とは何かがわからなければ、ハイランドへはたどり着けない。

ほんとうの自由…。

ほんとうの自由ってなんだろう?

ほんとうの自由って、いったい何だろう!?


しばらく経った、ある日の夜だった。

「ずいぶんと、静かになってきたようじゃの、フォッフォッフォ」

レドルクが話しかけてきた。

「はい…言葉で説明するのは難しいんですけれど、なんとなくわかってきました」

「そうじゃ。ほんとうに大切なことは、言葉を超えておる。自らの体験で知るしかないのじゃ」

「はい、お師匠さま」

「君は毎日ずっとあの木の上に座っておるが、足や腰は痛くなったりせんのか？」

「はい、痛いです。でも、それは僕の身体がしゃべっていることであって、僕ではないということを知っています」

「君は毎日ずっと何もせずに、どこにも行かずにあそこにずっと座っておるが、心の中ではどんなことをしゃべっておるのじゃ？」

「はい、散々いろんなことをしゃべりまくっています。でもそれは僕のエゴがしゃべっていることであって、僕ではないということを知っています」

「君はいままでたくさんの冒険をしてきたが、こんなところでこんなことをしていてもいいのか？」

「はい、それは僕の物語であって、それは僕自身ではないということを知っています」

「君はハイランドへ行きたいと願っていたが、それはどうなったのじゃ？」

「はい、それは僕のエゴの執着だということを知りました」

「素晴らしいね」

レドルクは、満足そうにほほ笑み続けた。

「自分の内側を見つめ続けると、いずれはエゴが落ちる。エゴのおしゃべりがやむ。完全に停止するのじゃ」

「エゴが、落ちるんですか？」

「そうじゃ。それは落ちる。自然に落ちる。秋、木の枝から葉が落ちるように、自然とエゴが落ちる。すると…それが〝起きる〟」

「それが…〝起きる〟？」

「うむ…〝落ちると……起こる〟。次の三つを存在に刻み込みなさい」

「はい、お師匠さま」

「抵抗せず、判断せず、執着せず、ただひたすら、ありのまま、自らの心を観照し続けなさい」

「はい。抵抗せず、判断せず、執着せず…ただひたすらありのまま、自分の心を見つめるのですね」

「よきかな、よきかな…フォッフォッフォッフォ」

それからまた半年ほど、僕は木の上に座り続けた。

僕の内側は、どんどん静かになっていった。


ある日のことだった。

雨がざあざあと降った後、ウルム山に見事な虹が出現した。

それを目撃した瞬間、それは〝起こった〟。

突然、目の前に広がる山や湖、それぞれの境界線が消えてしまった。それらはもう、別々に存在していなかった。全てがつながっていて、全てが一つだった。僕を含む全てが、一つにつながっていた。僕はその中に溶け込んだ。

僕は、樹と違う存在ではなく、湖と異なる存在ではなく、そこに境界はなかった。

僕は、樹であり、湖だった。

僕は、鳥のさえずりに、虹になった。

僕は、天地と一つになった。

宇宙は、生きていた！

宇宙は、呼吸していた！

そして、宇宙は目を見開き、全てを自覚していた！

全ては新しく、全ては美しく、全ては真実で、全ては自由で、全ては光り輝いていた。

そして…そして…、全て、全てが、僕だった！

僕は爆発し、歓喜になった！


ヴウォォ～ン‼

ヴウォォォ～ン‼

ヴウォォォオオオォォォ～ン‼

31

「ついにやったの、フォッフォッフォ」

「お師匠さま……ありがとうございます」

「ハイランドという場所など、どこにもない、ということがわかったかね？」

「はい、わかりました」

「そうじゃ、ハイランドという場所など、どこにもない」

「はい」

「言うてみなさい」

「僕が、ハイランドだったんです」

レドルクは、うれしそうにほほ笑んで言った。

「ハイランド…それは到達ではなく発見なのじゃよ。君は最初からすでにそこにいた。気づいていなかっただけじゃよ。それをよく理解することじゃ」

「はい」

「深く、ゆっくり呼吸してごらん。自分の中心に触れるのじゃ」

大きく空気を吸い込んだ。僕は身体に入ってくる空気と一体になっていた。意識は塵一つなく澄み渡り、とっても気持ちがよかった。

「ほんとうの自由とは何か、わかったかね？」

「はい、**ほんとうの自由とは、外側の何かから自由になることではありませんでした。身体やエゴの声といった〝自分〟からの自由…これがほんとうの自由です**」

「そうじゃ。ほんとうの自由とは〝自分〟から自由になることじゃ。そのとき初めて魂の声が聞こえるのじゃよ」

「魂の声…」

「そう、魂の声を聴き、魂のダンスを踊りなさい。それがハイランドを生きるということじゃ」

「はい、ありがとうございます」

「フォッフォッフォ…よきかな、よきかな…」

「お師匠さま…一つ聞いてもよろしいでしょうか？」

「なんじゃ？」

「これが…これが〝さとり〟ということなのでしょうか？」

「フォッフォッフォ…また考えてしまっておるようじゃの。思考は青空を覆う雲にすぎん。概念も理論も枠組みも、全て幻想じゃ。エゴの思考の創り出すフィクションじゃよ」

「幻想…フィクション…」

「**〝さとり〟とは、身体、心、魂の三つのレベルで、〝私はいないと知る〟ことじゃよ**」

「〝私はいないと知る〟…」

「ほれ、いま、体験したばかりじゃろう、フォッフォッフォ…」

「あ…はい…」

「頭だけでなく、身体だけでなく、魂だけでない、三位一体の理解、それが〝さとり〟じや」

「三位一体…」

「〝さとりをひらく〟という言葉を知っておるか？」

「はい」

「ひらくとは、何が何に対して、何をひらくんじゃろう？」

「…わかりません」

「それはの、大いなる存在、全体、宇宙、あるいは神と呼ぶ者もいるが、言葉を超えているがゆえに、過去よりそこに到達した者たちが皆〝それ〟と呼んでいるもの、その〝それ〟に対して〝自分〟を明け渡すことじゃ」

「〝自分〟を…明け渡す…」

「〝自分〟などいない、ということが真の腹の底から理解できたら、明け渡す自分など、存在せん。そのとき、〝私はいない〟のだよ。〝私〟は消えるのだよ。そのとき、〝私〟が消え、私は〝それ〟になる」

「〝それ〟に…なる」

「〝私〟は分裂した個ではなく、宇宙、全体、大いなる存在、そう、〝それ〟そのものだということが、三つの存在を通して、腹の底からわかる。それが、〝さとり〟じゃ」

「それが…〝さとり〟…」

そうだった。

いままさに、それを体験したんだった。

「わしらは全体という大いなる流れの中で、〝いま〟というこの瞬間に、全体という意識が出会った〝接触点〟なのじゃよ。〝流れ〟と〝意識〟が出会う点、それがわしらなのじゃよ」

「僕たちは〝流れ〟と〝意識〟の出会う〝接触点〟…」

「これが〝さとり〟であり、〝覚醒〟であり、〝ほんとうの自分〟に目覚めること、なんじゃ」

「はい…」

「では最後に聞く」

「はい」

「ほんとうの自分とは、誰だね？　自分の言葉で言ってごらん」

「はい、やってみます。ほんとうの自分とは…ほんとうの自由を獲得したとき、初めて現れるんです。でも…」

「フォッフォッフォ。できるだけ、詳しく、詳しく…」

「はい、えっと…、身体の自分、エゴの自分がいなくなり、それらが全て落ちて、魂の自分につながって、ほんとうの自由そのものになったとき、そのときに初めてほんとうの自分になるのです。でも、そのとき、自分はいなくなります。自分が消えるんです」

「フォッフォッフォ、そうそう、ほんとうの自分に到達すると、自分は消える。〝自分〟から〝自己〟へ移行する。〝自分〟という文字は〝自ずから分かれる〟と書く。大いなる存在、〝それ〟から分かれてしまった存在、それが〝自分〟じゃ。その分離・境界が消えるんじゃ。フォッフォッフォ」

「はい。そのとき、僕は、この世界全て、僕が世界そのものだと…感じます。目に見えるもの、耳に聞こえるもの、僕が、自分の外側にあるものと認識しているもの、感じているもの、考えているものと、僕が自分の内側にあるものと認識しているもの、感じているもの、考えているものは実は全部一つで、どっちも愛すべきもので、全部、全てを含んだ全てが、〝それ〟そのものなんだ、と。そう、全て、全て、全てなんです。あ～、なんだか僕はとんでもなく変なことを言っているような気がします。でもこれ、ほんとうにそう感じるんです。これ以外の言葉が見つかりません」

「フォッフォッフォ…ほんとうの自分は、どんな感じじゃ？」

「どんな感じ…ですか？」

「そう」

そこに、僕はいなかった。全てが僕だった。この空間も、樹も湖もシルシュの大杉も、リスやウサギ、そしてレドルクもみんな僕だった。いまここに存在する全てを包み込みながら、僕という存在から、愛おしさと慈しみが、大波となって溢れ出ていた。

その大波が、身体を通り抜けるエネルギーが、言葉に変換され、口からぽろりと、こぼれ出た。

「…愛おしい…愛おしい…です…」

瞬間、涙が溢れ出した。愛の大波に飲み込まれ、ぐちゃぐちゃで、もみくちゃになった。でも…それは同時に、至福だった。

「フォッフォッフォ…」

レドルクは、言った。

「わしらは、愛なんじゃよ」

朝日が、昇った。

ウルム山の中腹、シルシュの大杉は美しい朝日を受けて葉をキラキラと輝かせている。

「お師匠さま、それでは行ってきます。ほんとうにありがとうございました。僕はハイランドを生きます」

「ハイランド…それもまた一つの記号、呼び名にしかすぎない。言葉を超えたもの、〝それ〟じゃな。フォッフォッフォ」

「はい、僕は〝それ〟を生きます」

「うむ、ジョン、これからどう〝それ〟を生きるのかね？」

レドルクは、初めて僕の名前を呼んだ。

「はい、僕は僕が理解したことを、たくさんの人たちと分かち合いたいです」

「フォッフォッフォ、ダルシャと同じことを言うとるな」

レドルクは、ほほ笑んで言った。

「行っておいで、ジョン。『魂』のおもむくままに…。〝自分〟を超え〝自己〟という存在を生き切ってごらん。魂を遊ばせてあげることじゃ。この世界は魂の遊び場じゃ。何かあったら、いつでもここに戻っておいで」

「ありがとうございます」

目をつぶった。

さて、これからどこに行こうか？

心を静寂にし、感じてみた。南を示す方角が温かく感じた。

よし、南に行ってみよう！

「決まったようじゃの」

「はい、南に行きます」

レドルクは、ゆっくりとうなずいた。

「行ってきます！」

空は青く澄み渡り、あたかも磨きたての鏡のような湖面が、ウルム山の鋭峰を映し出している。

湖面に反射した朝日がキラキラと身体に反射して、僕の身体は光り輝いていた。その輝きを身にまとい、僕は、風になった。

著者略歴

刀根 健（とね・たけし）

1966年、千葉県出身。産業カウンセラー、ＴＡマスターコンサルタント。東京電機大学理工学部卒業後、商社マンとして就職。その後、教育系企業にて心理カウンセリングの資格取得コースの開発などを担当。企業や病院・官公庁でコミュニケーションやリーダーシップ開発の研修講師として活躍する。しかし、2016年９月１日に肺がんステージ４と診断される。2017年６月13日に脳転移治療のため１カ月入院。精密検査で脳の他に両目（眼内腫瘍）、左右の肺、肺から首のリンパ、肝臓、左右の腎臓、脾臓、全身の骨転移が新たに見つかる。医者に「いつ呼吸が止まってもおかしくない」と告げられる。その絶望的な状況で不思議な神秘体験をする。その神秘体験後、奇跡的に回復。2017年７月末の診察でがんはほとんど消失する。現在はその体験を通しての気づきをもとに講演、セミナー、執筆などで活躍中。著書に『ストローク・ライフのすすめ』（フォーメンズ出版）、『僕は、死なない。』（SBクリエイティブ）がある。OFFICE LEELA代表。

公式ブログ：Being Sea／肺がんステージ４からのアウェイクニング（気づき）
https://ameblo.jp/toneket/

さとりをひらいた犬

ほんとうの自分に出会う物語

2021年12月28日　初版第1刷発行
2024年 2 月26日　初版第5刷発行

著　者　刀根 健
発行者　小川 淳
発行所　SBクリエイティブ株式会社
〒105-0001　東京都港区虎ノ門2-2-1
組　版　朝日メディアインターナショナル株式会社
編集担当　吉尾太一
印刷・製本　中央精版印刷株式会社

本書をお読みになったご意見・ご感想を
下記URL、またはQRコードよりお寄せください。

https://isbn2.sbcr.jp/11590/

ISBN978-4-8156-1159-0